Vérité éternelle

Sri Mata Amritanandamayi
répond aux questions concernant
le sanatana dharma

Mata Amritanandamayi Center, San Ramon
Californie, États-Unis

Vérité éternelle

Sri Mata Amritanandamayi répond aux questions
concernant le sanatana dharma
Compilé par Swami Jnanamritananda Puri
Traduit en anglais par Dr. M.N. Namboodiri

Publié par :

Mata Amritanandamayi Center
P.O. Box 613
San Ramon, CA 94583
États-Unis

––––––––––– *The Eternal Truth (French)* –––––––––

En France :

Ferme du Plessis
28190 Pontgouin
www.ammafrance.org

En Inde :

www.amritapuri.org
inform@amritapuri.org

Préface

« La vérité est Une. Les sages lui donnent des noms variés.» Tel est le message glorieux que la civilisation ancienne de l'Inde a donné au monde. La cause de tous les problèmes actuels liés à la religion, c'est que nous avons oublié ce message.

Nous avons beau déclarer que la mondialisation et les innovations scientifiques modernes, telles que l'Internet et la télévision par satellite, ont réduit la taille du monde à celle d'un village, en même temps, la distance entre les esprits augmente constamment.

La notion que l'Inde a donnée au monde, *Vasudhaiva kutumbakam*, « le monde entier est ma famille », repose sur notre unité fondamentale, sur le fait qu'en réalité, au niveau de la pure conscience, nous sommes tous Un.

La solution ultime à nos problèmes, c'est d'assimiler ce principe d'unité. Et si nous n'en sommes pas capables, nous devrions au moins respecter le point de vue et les idées des autres. Le monde a un besoin profond de tolérance et de compréhension. Les principes du *sanatana dharma*, énoncés dans les paroles des *rishis* (les sages qui avaient réalisé le Soi), ont le pouvoir de nous guider dans cette direction. Ces principes sont des phares divins qui éclairent notre chemin vers la perfection. Le *sanatana dharma* incarne les vérités éternelles que chacun, quelle que soit sa religion ou sa culture, peut assimiler et faire siennes.

Ce livre est la première partie d'un recueil de réponses d'Amma aux questions concernant les principes du *sanatana dharma*. Ces questions ont été posées par les dévots en différentes occasions. Nous espérons que ce livre contribuera à une meilleure compréhension des principes du *sanatana dharma*.

Les éditeurs

ॐ

Question : Qu'est-ce qui caractérise l'Hindouisme ?

Amma : Mes enfants, selon l'Hindouisme le Divin est présent en toute chose ; chacun de nous est une incarnation de Dieu. Les êtres humains et Dieu ne sont pas séparés ; ils sont un. Le Divin demeure en chacun de nous, d'une manière latente. L'Hindouisme enseigne qu'il est possible à tous, grâce à l'effort personnel, de réaliser cette divinité intérieure. Le créateur et la création ne sont pas séparés. Le créateur (Dieu) se manifeste en tant que création. L'Hindouisme considère l'expérience de cette vérité non duelle comme le but ultime de la vie.

Le rêve n'est pas séparé du rêveur. Mais pour savoir que toutes nos expériences sont un rêve, il faut d'abord se réveiller. Tout est Dieu. Cependant, nous percevons tout ce qui nous entoure comme séparé de nous-mêmes parce que nous ne sommes pas encore éveillés à ce niveau de conscience.

Nous sommes attachés à certaines choses et nous éprouvons de l'aversion envers d'autres. C'est ainsi que le bonheur et la souffrance sont devenus la nature de la vie. Quand nous nous éveillons à notre véritable essence, il n'y a plus de « moi » ni de « toi », tout est Dieu. Il ne reste plus que la béatitude. L'Hindouisme enseigne que de nombreuses voies mènent à cette expérience, des voies adaptées au *samskara*[1] de chacun. Il n'existe probablement aucune autre religion incluant un tel nombre de voies, de pratiques et d'observances.

En modelant l'argile, nous pouvons sculpter un âne, un cheval, une souris ou un lion. Le nom et la forme ont beau être différents, en réalité, ce n'est que de l'argile. Nous avons besoin d'un œil capable de voir l'argile, le substrat de tous ces noms et ces formes. Il faut donc abandonner notre habitude de percevoir l'univers au travers

---

[1] *Samskara* a deux sens : 1) La totalité des impressions imprimées dans le mental par les différentes expériences (de cette vie ou de vies antérieures) qui influencent la vie d'un être humain – sa nature, ses actions, son état intérieur, etc. 2) L'éveil de la compréhension juste (connaissance) chez un être, ce qui conduit au raffinement de son caractère.

de noms et de formes diverses. En réalité, c'est le principe unique suprême qui s'est transformé pour prendre toutes ces formes. Donc, dans l'Hindouisme tout est Dieu. Il n'existe rien qui ne soit pas Dieu. L'Hindouisme nous enseigne à aimer et à servir les animaux, les oiseaux, les reptiles, les arbres, les plantes, les montagnes et les rivières, toute chose, même un cobra au venin mortel.

Quand nous atteignons l'expérience ultime, nous réalisons que cet univers n'est pas distinct de nous, exactement comme les différents organes du corps ne sont pas différents de nous. Notre conscience, jusqu'alors limitée au corps, s'élargit jusqu'à embrasser l'univers entier. Rien n'est exclu de cette conscience. Ceux qui connaissent la vérité ressentent la souffrance et le chagrin des autres comme les leurs, exactement comme nous éprouvons une douleur quand une épine nous rentre dans le pied. La compassion devient leur véritable nature, comme la chaleur est celle du feu, la fraîcheur celle de l'eau, le parfum et la beauté celle de la fleur. Leur nature même est d'apporter le réconfort à autrui. Si, par mégarde, nous nous mettons le doigt dans l'œil, nous pardonnons au doigt, tout en caressant et en réconfortant l'œil, parce que le doigt et l'œil font partie de nous. Le but de l'Hindouisme est de nous conduire à l'expérience que tous les êtres font partie de nous. Quand notre conscience s'élargit, passant de la conscience limitée au corps pour inclure tout l'univers, et que nous faisons l'expérience de notre unité avec Dieu, alors nous atteignons la perfection.

Le *sanatana dharma* nous enseigne la manière de voir Dieu partout dans l'univers et ainsi de percevoir que nous ne sommes pas séparés de Dieu. Pour y parvenir, différentes voies sont suggérées, telles que la voie de l'action désintéressée (*karma yoga*), la voie de la dévotion (*bhakti yoga*), la voie de la quête du Soi (*jnana yoga)* et la voie de la méditation (*raja yoga*).

L'Hindouisme est appelé *sanatana dharma*, le principe éternel, parce que ce principe convient à tous les pays et à toutes les époques. Il enseigne les vérités éternelles qui permettent à tous les mondes[2] de progresser spirituellement. Le but de l'Hindouisme est d'élever la conscience de tous

---

[2] Les mondes célestes, la terre les mondes inférieurs.

les êtres. Dans l'Hindouisme il n'y a pas de place pour le sectarisme ni pour l'étroitesse d'esprit.

Om asato mā sadgamaya
Tamaso mā jyotirgamaya
Mrityor mā amritam gamaya

Ô Être suprême,
Conduis-nous de l'illusion à la vérité,
Des ténèbres à la lumière,
Et de la mort à l'immortalité.
– *Brihadaranyaka Upanishad (1. 3. 28)*

Om purnamadah purnamidam
purnāt purnamudachyate
purnasya purnamādaya
purnamevavasishyate

Cela est plénitude, ceci est plénitude.
De la plénitude, la plénitude se manifeste,
Quand on retire la plénitude de la pléni-
tude,
La plénitude seule demeure.[3]

---

[3] Si, à partir d'une lampe allumée, nous en allumons mille autres, l'éclat de cette première lampe ne diminue en rien. Tout est complet, parfait. Ce mantra célèbre

Ces mantras nous ont été légués par les grands sages et il est impossible d'y trouver la moindre trace d'une vision qui considèrerait quiconque comme « autre » ou séparé.

Les *rishis*, les sages de l'Inde antique, étaient des êtres éveillés qui avaient réalisé la vérité suprême, non duelle. Et cette vérité s'exprimait dans leurs paroles si bien qu'elles s'avéraient toujours vraies. « Dieu réside même dans ce pilier », dit l'enfant Prahlada en réponse à la question de son père. Cela s'est révélé vrai. De l'intérieur de ce pilier, Dieu s'est manifesté. C'est pourquoi on dit que la vérité s'attache aux paroles des sages. D'ordinaire, un enfant naît du sein de sa mère. Mais la résolution, l'idée conçue dans l'esprit d'un *rishi* se manifeste, elle aussi, sous la forme d'une création nouvelle. En d'autres termes, les paroles des *rishis* deviennent vérité. Ces sages connaissaient la totalité du passé, du présent et de l'avenir, et chacune des paroles qu'ils prononçaient s'adressait également aux générations futures.

---

est l'invocation de paix dans les Upanishads du Shukla Yajurveda.

Le réfrigérateur refroidit, le radiateur chauffe, la lampe éclaire, le ventilateur fait circuler l'air, mais c'est le même courant électrique qui fait fonctionner tous ces appareils. Serait-il raisonnable d'affirmer que le courant qui passe dans l'un de ces objets est supérieur à celui qui passe dans les autres, simplement parce que leur fonction et leur valeur marchande sont différentes ? Pour comprendre que l'électricité est la même bien que les instruments diffèrent, il faut connaître la science qui préside à leur fonctionnement et posséder une expérience concrète dans ce domaine.

De même, l'essence, la Conscience qui demeure en tout objet de l'univers est la même bien que, vus de l'extérieur, ces objets semblent différents. Pour voir cette vérité il faut, grâce à notre pratique spirituelle, développer l'œil de la sagesse. Les grands *rishis*, qui connaissaient cette vérité par expérience directe, l'ont transmise aux générations suivantes. C'est cette philosophie, don des *rishis*, qui a façonné le mode de vie du peuple de l'Inde. « Hindou » est le nom que l'on a donné à ceux qui vivaient conformément à cette culture en général. Il ne s'agit pas vraiment d'une religion, mais plutôt d'une façon de vivre.

Le mot sanskrit *matham* (religion) a aussi un sens plus général, celui de « point de vue ». Cette culture-là est la somme totale des expériences de nombreux *rishis* ayant vécu à des époques différentes et possédant une connaissance directe de la vérité ultime. Ainsi, le *sanatana dharma* n'est pas une religion créée par un seul individu. Il ne s'agit pas non plus d'un enseignement contenu dans un livre unique. Il s'agit d'une philosophie qui embrasse tous les aspects de la vie.

Les grandes âmes qui vécurent dans différents pays et à des époques variées ont donné à leurs disciples des instructions sur la manière d'atteindre Dieu (la vérité ultime). Ces instructions ont ensuite formé les différentes religions. Mais ce qui, en Inde, est devenu le *sanatana dharma*, ce sont les valeurs, l'éthique et les principes éternels révélés, à travers leur expérience, à un grand nombre d'êtres réalisés. C'est cela que l'on a ensuite appelé Hindouisme. Tout y est contenu.

Le *sanatana dharma* n'insiste pas pour que l'on appelle Dieu uniquement par un nom précis, il n'affirme pas non plus qu'il n'existe qu'une seule voie pour L'atteindre. Le *sanatana dharma* est comparable à un vaste supermarché où on trouve tout. Il nous donne la liberté de choisir n'importe lequel des chemins indiqués par les grandes âmes réalisées ou même de frayer une nouvelle voie vers le but. On est même libre de croire ou non en Dieu. Ce que le *sanatana dharma* appelle la libération, c'est la délivrance définitive du chagrin et de la souffrance. Toutefois, jamais il n'est dit qu'il n'existe qu'une seule voie pour y parvenir. Le maître spirituel suggère la méthode la plus appropriée à la constitution physique, psychique et intellectuelle du disciple. Une seule clé ne permet pas d'ouvrir toutes les portes. Ainsi, pour arriver à déverrouiller le mental, différentes clés sont nécessaires selon les *samskaras* et le niveau de compréhension de chacun.

Combien de gens bénéficient d'une rivière dont le cours est unique ? Tandis que si elle se divise en de nombreux bras, les habitants qui vivent sur leurs rives en profiteront. Ainsi, c'est parce que les maîtres spirituels enseignent différentes voies qu'un grand nombre de personnes sont capables d'assimiler leurs enseignements. Pour enseigner à un enfant sourd, il faut utiliser le langage des gestes et pour enseigner à un aveugle, la méthode Braille qui emploie le sens du toucher. Si l'enfant souffre d'un handicap mental, il faut se mettre à son niveau et lui expliquer les choses d'une manière simple et compréhensible. C'est uniquement quand l'enseignement est adapté aux élèves qu'ils peuvent l'assimiler. Ainsi, les maîtres spirituels examinent le tempérament et le *samskara* de chaque disciple, puis ils décident de la voie qu'il doit suivre. Les chemins ont beau être différents, le but est toujours le même : la Vérité ultime.

Dans le *sanatana dharma*, le vêtement est taillé à la mesure de chacun et non « taille unique ». De plus, il faut de temps en temps le remanier afin de l'ajuster au développement de la personne. Les voies et les pratiques spirituelles ont besoin d'être renouvelées selon les époques. C'est là la contribution apportée par les grandes âmes au *sanatana dharma*. Ce dynamisme et cette ouverture sont le sceau de l'Hindouisme. Si on donne de la viande à un nourrisson, il ne pourra pas la digérer. Le bébé tombera malade et cela créera aussi des difficultés pour les autres. Il existe une grande variété de nourritures adaptées aux capacités digestives et aux goûts de chacun. C'est ainsi que tous restent en bonne santé. De

même, dans le *sanatana dharma*, la manière de vénérer Dieu diffère selon le *samskara* de chaque personne. Chacun peut choisir la méthode qui lui convient. Quelle que soit la voie que nous préférons, celle qui convient le mieux à notre nature individuelle, nous la trouverons dans le *sanatana dharma*. C'est ainsi qu'ont vu le jour de nombreuses voies spirituelles telles que *jnana yoga, bhakti yoga, karma yoga, raja yoga, hatha yoga, kundalini yoga, kriya yoga, svara yoga, laya yoga, mantra yoga, tantra* et *nadopasana*

Dans le *sanatana dharma*, il n'y a pas de contradiction entre la vie spirituelle et la vie dans le monde (le fait de mener une vie de famille). Le *sanatana dharma* ne rejette pas la vie dans le monde au nom de la spiritualité. Il enseigne au contraire que, grâce à la spiritualité, la vie s'enrichit et qu'elle prend un sens plus profond. Les *rishis* ont également fondé les sciences et les arts sur la base de la spiritualité. Ils les considéraient comme des étapes vers la vérité suprême et ils les ont formulés de telle manière qu'en définitive, elles mènent à Dieu. C'est ainsi que d'innombrables disciplines scientifiques se sont développées en Inde : la linguistique, l'architecture, *vastu*, l'astronomie, les mathématiques, les sciences liées à la santé, la diplomatie et l'économie, *natya shastra*, la musicologie, la science de l'érotisme, la logique et *nadi shastra*, pour en citer quelques-unes. Le *sanatana dharma* ne rejette, ne nie aucune sphère de la vie ou de la culture humaine. La tradition qui existait en Inde encourageait tous les arts et toutes les sciences. Puisqu'il était reconnu que la conscience divine demeure dans tous les objets, animés ou inanimés, une tradition s'est développée au sein du *sanatana dharma* selon laquelle tout ce qui existe doit être considéré avec respect et vénération. Les grands *rishis* percevaient les oiseaux, les animaux, les plantes et les arbres sans la moindre trace d'irrespect ou d'aversion et ils considéraient tous les êtres comme une manifestion directe de Dieu.

C'est ainsi que l'on construisit même des temples dédiés aux serpents et aux oiseaux. Même l'araignée et le lézard étaient vénérés. Le *sanatana dharma* nous enseigne que pour atteindre la perfection, un être humain a besoin de la bénédiction de tous les êtres, même de la fourmi. Le Bhagavatam[4] raconte l'histoire d'un

---

[4] Une des dix-huit Écritures connues sous le nom de Puranas, qui traite surtout des incarnations de Vishnu et qui raconte de manière très détaillée la vie de Krishna. Ce récit met l'accent sur la voie de la dévotion. On l'appelle également le Srimad Bhagavatam.

avadhut[5] qui adopte vingt-quatre gurus parmi lesquels figurent des animaux et des oiseaux. Il nous faut toujours cultiver l'attitude d'un débutant parce que tous les êtres ont des leçons à nous enseigner.

Les *rishis* percevaient également la présence de Dieu dans des objets inanimés. Ils psalmodiaient *Sarvam brahmamayam, re re sarvam brahmamayam :* « Tout est Brahman, tout est l'essence du Suprême ». Les scientifiques d'aujourd'hui nous disent que tout est énergie. Le peuple de l'Inde, qui a foi dans les paroles des *rishis,* se prosterne devant toute chose avec dévotion, voyant Dieu partout.

Amma[6] se souvient que, dans son enfance, s'il lui arrivait de marcher sur un bout de papier qui avait été balayé et mis aux ordures, elle le touchait et portait ensuite la main à son front, en signe de salutation respectueuse. Si elle ne le faisait pas, sa mère la tapait. Elle lui disait

---

[5] Un être réalisé qui ne suit pas les conventions sociales. Selon les normes conventionnelles, les *avadhuts* sont considérés comme extrêmement excentriques.

[6] Amma parle généralement d'elle-même à la troisième personne, en employant le mot « Amma » (Mère).

que ce n'était pas un simple morceau de papier mais la déesse Sarasvati elle-même, la déesse du savoir. On lui enseigna également que si, par mégarde, elle marchait sur une bouse de vache, elle devait la toucher en signe de respect. La bouse de vache aide l'herbe à pousser. Les vaches mangent l'herbe et nous donnent du lait. Nous utilisons ce lait. La mère d'Amma lui apprit aussi qu'il ne fallait pas toucher du pied le seuil d'une maison ou d'une pièce. Si cela nous arrive, nous devons le toucher de la main et porter la main au front. Symboliquement, le seuil représente l'entrée dans une nouvelle étape de la vie. Telle est sans doute la raison de cette coutume. Quand vous regardez les choses de cette manière, tout devient précieux. Il n'existe rien au monde que nous puissions ignorer ou mépriser. Considérons ainsi toute chose avec respect et vénération.[7]

---

[7] Certains s'étonneront peut-être de voir Amma accorder autant d'importance au monde manifesté qui, selon le *sanatana dharma*, est *maya* (illusion). Amma explique : « Quand nous disons que le monde extérieur n'est pas réel, qu'il est illusoire, cela ne signifie pas qu'il n'existe pas mais simplement qu'il est impermanent, qu'il est en constant changement. »

Le Bhagavatam (l'histoire du Seigneur) et Bhagavan (le Seigneur) ne sont pas différents, ils sont identiques. Le monde et Dieu ne sont pas séparés. Nous voyons ainsi l'unité dans la diversité, dans la multiplicité. C'est pourquoi, aujourd'hui encore, s'il arrive qu'Amma marche sur quelque chose, elle touche l'objet et elle porte ensuite la main à son front pour montrer son respect envers cet objet. Bien qu'elle sache que Dieu n'est pas séparé d'elle, Amma s'incline devant toute chose. L'escalier qui nous permet d'accéder à la terrasse et la terrasse sont faits du même matériau et pourtant Amma ne peut pas ignorer l'escalier. Elle ne peut pas oublier le chemin qu'elle a suivi pour atteindre la terrasse et elle respecte toutes les règles qui nous aident à atteindre le but ultime. Les enfants d'Amma se demanderont peut-être pourquoi elle agit ainsi. Prenons le cas d'un enfant qui a la jaunisse. S'il mange du sel, son état va empirer mais comme il n'aime pas la nourriture sans sel, s'il voit un mets salé, il risque de le dérober et d'en manger en cachette. Sa mère ne met donc pas de sel dans les plats qu'elle prépare et, pour le bien de cet enfant, les autres membres de la famille, bien qu'ils soient en bonne santé, mangent eux aussi sans sel.

Parce que le *sanatana dharma* nous enseigne à voir le Divin en tout, il ne conçoit pas l'enfer éternel. Quelle que soit la gravité du péché commis, selon cet enseignement, il est possible de se purifier grâce à de bonnes pensées et à de bonnes actions et, finalement, de réaliser Dieu. Grâce à un remords sincère, on peut échapper aux conséquences de ses erreurs, quelle que soit leur gravité. Il n'existe pas de péché dont on ne puisse se purifier grâce au repentir. Mais cela ne doit pas ressembler au bain de l'éléphant ! L'éléphant se baigne et sort de l'eau pour se couvrir aussitôt de poussière. Bien des gens se comportent ainsi par rapport à leurs erreurs. Il se peut que nous commettions beaucoup de fautes à mesure que nous avançons dans la vie. Mais cela ne doit pas décourager les enfants d'Amma. Si vous chutez, pensez simplement que vous avez chuté pour vous relever. Ne restez pas là allongé en pensant que c'est confortable. Et ne soyez pas non plus catastrophé par votre chute. Essayez de vous relever et de vous remettre en route. Quand on écrit au crayon sur un morceau de papier, on peut gommer les fautes. Mais si nous répétons de nombreuses fois la même erreur au même endroit et voulons l'effacer, le papier risque de se déchirer. Il est naturel de faire des fautes mais essayez de faire attention. Soyez vigilants !

Le *sanatana dharma* ne rejette personne éternellement en le considérant comme indigne. Considérer quelqu'un comme indigne de la voie spirituelle reviendrait à décider, après la construction d'un hôpital, de n'y admettre aucun malade. Même une montre cassée indique l'heure juste deux fois par jour ! C'est donc l'acceptation qui est nécessaire ! Quand nous évitons quelqu'un en considérant qu'il ne s'agit pas d'une personne convenable, nous contribuons à faire naître en elle des sentiments de revanche et l'instinct animal. Et cette personne retombera dans l'erreur. Si, en revanche, nous louons ce qu'il y a de bon en elle et essayons patiemment de corriger ses erreurs, nous pouvons réellement lui permettre de progresser spirituellement.

Le *sanatana dharma* ne rejette personne : ses enseignements procurent à chacun la connaissance qui lui est nécessaire. Si les sages n'avaient vu en Ratnakara qu'un bandit et l'avaient tenu à l'écart, jamais le sage Valmiki[8] n'aurait vu le jour. Le *sanatana dharma* démontre que même un bandit peut devenir une « grande âme » (*mahatma*). Personne ne rejette un diamant, même s'il gît au milieu d'excréments. Il y aura toujours quelqu'un pour le ramasser, le nettoyer et se l'approprier. Il est impossible de rejeter qui que ce soit puisque l'Être suprême est présent en tous. Nous devrions être capables de voir Dieu en chacun, quel que soit son statut social. Pour cela, il faut d'abord nettoyer les impuretés qui recouvrent notre propre mental. Les enseignements du *sanatana dharma* sont des joyaux impérissables que les généreux *rishis,* dans leur compassion, ont donnés au monde. Quiconque souhaite rester en vie ne peut se passer d'air ni d'eau. De même, quiconque désire trouver la paix ne peut se passer des principes du *sanatana dharma*. Le *sanatana dharma* ne nous demande pas de croire en un Dieu qui vivrait quelque part dans les cieux. Il déclare : « Ayez foi en vous-même. Tout est en vous ! » Une bombe atomique a le pouvoir de réduire en cendres un continent entier, mais sa force réside dans les

---

[8] Voir dans le glossaire l'histoire de Valmiki.

atomes minuscules. Un banyan peut devenir un arbre immense et pourtant il vient d'une graine minuscule. L'important, c'est que Dieu, en essence, est présent en chacun de nous. Il est possible de le savoir par le raisonnement et par les expériences que nous recevons de notre pratique spirituelle. Il suffit de suivre soigneusement une des méthodes indiquées pour éveiller cette puissance.

La dévotion, la foi et une conscience vigilante dans chacune de nos actions, voilà ce qu'enseigne le *sanatana dharma*. Il ne nous demande pas de croire aveuglément en quoi que ce soit. Pour utiliser une machine, il faut d'abord apprendre à s'en servir. Sinon, nous risquons de l'abîmer.

La connaissance (*jnana*) est nécessaire pour agir de manière juste. Agir avec la conscience qui naît de la compréhension de cette connaissance, c'est cela la conscience vigilante. Un homme remplit une citerne. Il a beau verser de l'eau toute la journée, le soir, la citerne n'est toujours pas pleine. Il essaye de comprendre pourquoi. Il finit par découvrir qu'une des vannes de la citerne n'était pas fermée. Ici, la connaissance, c'est le fait de savoir que si on ne bouche pas les évacuations, il sera impossible de remplir la citerne, quelle que soit la quantité d'eau qu'on y verse. La conscience vigilante, c'est ce que nous appliquons à nos efforts une fois que nous avons acquis cette connaissance. C'est seulement si nous agissons avec une conscience vigilante que nous obtiendrons le résultat escompté. On chargea cinq ouvriers agricoles de planter des graines. L'un d'entre eux creusa les trous dans la terre, un autre y mit de l'engrais, un troisième arrosa et un quatrième recouvrit les trous avec de la terre. Les jours passèrent mais aucune graine ne germa. Le fermier examina la terre pour voir ce qui n'allait pas et il découvrit que l'ouvrier chargé de mettre les graines dans les trous n'avait pas fait son travail ! Voilà à quoi ressemble une action accomplie sans conscience vigilante : elle ne donne pas le résultat escompté.

Le but de toute action est de nous rapprocher de Dieu. Agissons sans ego, sans le sentiment « c'est moi qui agis ». Soyons conscients que seules la grâce et la puissance de Dieu nous permettent d'agir. C'est cela la connaissance (*jnana*) dans le contexte de l'action (*karma*). Une action accomplie avec une telle connaissance et avec une conscience vigilante, c'est du *karma yoga*, le yoga de l'action désintéressée. Lorsque nous pratiquons la conscience vigilante en agissant, nous nous oublions. L'esprit est concentré. Nous faisons l'expérience de la béatitude. C'est ainsi que naît la dévotion. Si notre effort est accompagné de conscience vigilante et de dévotion, nul doute qu'il portera ses fruits. Et quand nous obtenons le fruit de notre action, notre foi s'affermit pour devenir inébranlable. Personne ne peut saper une telle foi. La conscience vigilante, la dévotion et la foi : les actions accomplies avec conscience vigilante génèrent la dévotion qui mène à la foi.

La plupart des textes du *sanatana dharma* sont écrits sous forme de dialogues. Ils contiennent les réponses du maître réalisé aux questions du disciple. Le disciple a la liberté de poser n'importe quelle question jusqu'à ce que ses doutes soient complètement dissipés. Cela développe une présence très consciente chez le disciple. L'Hindouisme ne s'oppose à personne. Il ne demande pas non plus à qui que ce soit d'abandonner sa religion ou sa foi. Il considère même comme un acte inique le fait de détruire la foi de quelqu'un. Selon le *sanatana dharma*, les religions sont des voies différentes qui mènent au même but. Il ne nie rien, il inclut tout. Pour un Hindou, il n'existe pas de religion séparée. A l'origine, cette notion n'existait pas en Inde. Quelle que soit la religion à laquelle on appartient, on doit demeurer ferme dans sa foi et avancer. Cette attitude seule va permettre au chercheur d'atteindre le but ultime. Les voies du *karma yoga*, du *bhakti yoga* et du *jnana yoga* peuvent être suivies par des adeptes de n'importe quelle religion d'une manière adaptée à l'époque actuelle et à son mode de vie.

Pour celui qui ne sait pas nager, l'océan et ses vagues sont un cauchemar. Celui qui sait nager, en revanche, joue avec délices au milieu des vagues. Ainsi, pour ceux qui ont assimilé les principes de la spiritualité, la vie n'est que joie. Pour eux, la vie est une fête. Il s'agit de trouver une manière de connaître la béatitude, non pas après la mort, mais dès cette vie. Pour réussir dans les affaires, il faut apprendre l'art de la gestion et pour être vraiment heureux, il est essentiel d'apprendre l'art de gérer sa vie. Le *sanatana dharma*, c'est la science complète qui nous enseigne à gérer notre vie. Le contenu des

Écritures de l'Inde, des Upanishads, de la Bhagavad Gita, des Brahmasutras, du Ramayana et du Mahabharata, sont des vérités éternelles que les humains peuvent comprendre quelle que soit l'époque à laquelle ils vivent. Ces textes ne sont pas sectaires, il s'agit d'œuvres fondées sur la raison et que chacun peut mettre en pratique. Les textes qui traitent du *sanatana dharma* sont compréhensibles par tous, exactement comme ceux qui parlent de santé, de psychologie ou de sciences sociales. Le fait d'assimiler les principes du *sanatana dharma* mènera au bonheur et au progrès spirituel de toute l'humanité.

ॐ

Question : Pourquoi est-il nécessaire de croire en Dieu ?

Amma : Il est possible de passer toute une vie sans croire en un Être suprême. Mais dans les moments de crise, pour avancer d'un pas ferme, sans vaciller, nous avons besoin de prendre refuge en Dieu. Soyons prêts à suivre la voie de

Dieu. Une vie sans Dieu ressemble à un procès au tribunal où deux avocats s'affrontent en l'absence d'un juge. L'audience n'aboutira à rien... s'ils continuent sans juge, aucun jugement n'est possible. Nous vénérons Dieu afin que les vertus divines en nous grandissent. Mais si vous réussissez à développer ces qualités sans avoir la foi, alors celle-ci n'est pas vraiment nécessaire. Que nous y croyions ou pas, l'Être suprême existe en tant que Vérité ; que nous reconnaissions cette Vérité ou pas ne l'affecte en rien. La force de gravité de la Terre est un fait ; elle ne cesse pas d'exister simplement parce que nous n'y croyons pas. Si, niant son existence, nous sautons d'une hauteur, les conséquences néfastes de la chute nous obligeront à admettre la vérité. Se détourner ainsi d'une telle réalité revient à créer les ténèbres en fermant les yeux. En reconnaissant la vérité universelle, Dieu, et en vivant en accord avec cette vérité, notre passage dans la vie peut être libre de tout souci.

ॐ

Question : Quel est le sens du culte des idoles ?

Amma : En réalité, les Hindous ne rendent pas de culte aux idoles ; ils vénèrent la puissance suprême qui demeure en chacune d'entre elles. Quand un petit garçon voit un portrait de son père, il pense à son père et non à l'artiste qui l'a peint. Quand un jeune homme voit un stylo ou un mouchoir que sa bien-aimée lui a offert, c'est à elle qu'il pense, non à l'objet. Il ne s'en séparerait pour rien au monde. A ses yeux, il ne s'agit pas d'un stylo ordinaire ni d'un simple mouchoir. Au travers de ces objets, il sent la présence de la femme qu'il aime. Si un objet ordinaire peut faire naître des sentiments aussi puissants chez un homme amoureux, songez à la valeur que le dévot attache à l'idole qui lui rappelle Dieu. Aux yeux du dévot, la statue qui représente l'Être suprême n'est pas un simple morceau de pierre : c'est l'incarnation de la Conscience suprême.

Certains demandent : « Est-ce que le mariage[9] ne consiste pas simplement à faire un nœud ? »

---

[9] Lors de la cérémonie hindoue traditionnelle du mariage, un cordon ou une chaîne avec un pendentif est attaché autour du cou de la mariée. Elle le porte tout au long de

Oui, c'est vrai, c'est un cordon ordinaire que l'on noue autour du cou de la mariée. Mais songez à la valeur que nous attachons à ce cordon et à cet instant ! C'est un instant qui pose les fondations de toute une vie. La valeur de la cérémonie n'a rien à voir avec la valeur du cordon mais correspond plutôt à la valeur totale de la vie elle-même. Ainsi, la valeur d'une idole n'a rien à voir avec la valeur de la pierre. Cette statue n'a pas de prix, elle est l'égale du Père ou de la Mère universels. Quiconque considère l'idole comme un simple morceau de pierre pense ainsi par ignorance. Un rituel d'adoration commence normalement par l'affirmation : « C'est Dieu que je vénère dans cette statue. » Pour la plupart des gens, il serait difficile d'adorer la Conscience suprême omniprésente sans le support d'un symbole qui la représente. Une image du Divin nous aide énormément à faire grandir la dévotion et à concentrer le mental. Debout devant la statue, nous prions les yeux fermés. Ainsi, l'idole nous aide à nous intérioriser et à éveiller l'essence divine qui demeure en nous. Un autre principe important préside à ce genre de culte. Les

---

sa vie conjugale et cela symbolise le lien durable entre les époux.

bracelets, les boucles d'oreille, les colliers et les bagues en or, tous ces bijoux sont constitués du même métal. L'or est leur substance. Ainsi, Dieu est le substrat de toute chose. Nous devrions être capables de voir l'unité à l'intérieur de la diversité. Que ce soit Shiva, Vishnu ou Muruga (Subramanya)[10], soyons conscients de leur unité. Comprenons que toutes ces formes sont les différentes manifestations d'un seul et même Dieu. Si les gens adoptent des formes variées, c'est qu'ils appartiennent à différentes cultures. Chacun peut ainsi opter pour la forme qu'il préfère. Pour se voir clairement dans le miroir, il faut enlever la poussière et la saleté qui le recouvrent. Ainsi, nous ne pourrons voir Dieu que quand nous aurons lavé notre mental des impuretés qui s'y sont installées. Nos ancêtres ont établi le culte des idoles et d'autres pratiques en tant que partie intégrante du *sanatana dharma* afin de nous permettre de purifier notre esprit et de le concentrer en un seul point. Dans le *sanatana dharma*, nous cherchons Dieu en nous-mêmes et non quelque

---

[10] Muruga est un dieu créé par Shiva pour aider les âmes dans leur évolution grâce surtout à la pratique du yoga. Il est le frère de Ganesha.

part à l'extérieur. Quand nous avons l'expérience intérieure de Dieu, nous voyons Dieu en tout.

Dieu n'a pas d'intérieur ni d'extérieur. Dieu est la Conscience divine omniprésente qui imprègne tout. C'est uniquement parce que nous avons une identité individuelle, le sentiment du « moi », que nous percevons un intérieur et un extérieur.

Notre esprit est actuellement tourné vers l'extérieur, non vers l'intérieur. Il est attaché à une foule d'objets extérieurs et à l'idée que ceux-ci nous appartiennent. Le but de l'adoration des idoles est de ramener l'esprit vers l'intérieur et d'éveiller la Conscience divine déjà présente en nous.

ॐ

Question : Certains critiquent la foi hindoue à cause de la pratique du culte des idoles. Cette critique est-elle fondée ?

Amma : Pourquoi quiconque chercherait à critiquer cela, ce n'est pas bien clair. Sous une forme ou sous une autre, le culte des idoles se retrouve dans toutes les religions, aussi bien dans le Christianisme que dans l'Islam, le Bouddhisme, etc. La seule différence, c'est le symbole divin qui est vénéré et la manière dont on l'adore. Dans le Christianisme, au lieu d'offrir des mets sucrés ou des pétales, on allume des cierges. Le prêtre chrétien offre le pain comme étant le corps du Christ et le vin comme son sang. Et tandis que les Hindous font brûler du camphre, de nombreux Chrétiens allument de l'encens. Les Chrétiens considèrent la croix comme un symbole du sacrifice et d'offrande de soi. Ils s'agenouillent devant l'image du Christ et prient. Les Musulmans considèrent la Mecque comme un lieu sacré et ils se prosternent dans cette direction. Assis devant la Kabaa, ils prient et méditent sur les qualités de Dieu. Toutes ces prières sont destinées à éveiller les qualités déjà présentes en nous. En malayalam nous apprenons tout d'abord les consonnes simples ka, kha, ga, gha, afin de pouvoir ensuite lire des mots qui contiennent des sons composés ; pour apprendre à lire en anglais, nous commençons par l'a, b, c. D'une manière comparable, les différentes formes de culte font grandir en nous les qualités divines.

ॐ

Question : En ce qui concerne le culte des idoles, ne devrions-nous pas vénérer le sculpteur qui a créé la forme divine plutôt que la statue ?

Amma : Quand vous voyez le drapeau de votre pays, est-ce le drapeau ou le fabricant que vous respectez ? Ou bien le tisserand qui a fourni le tissu ? Ou la personne qui a filé le fil ? Ou le fermier qui a fait pousser le coton ? Personne ne songe un instant à tous ces gens. Le drapeau nous rappelle le pays dont il est le symbole. Ainsi, quand nous voyons une idole, ce n'est pas au sculpteur que nous pensons, mais plutôt à Dieu, au divin sculpteur de l'univers entier. L'Être suprême est la source à laquelle l'artiste puise son inspiration, la source qui lui donne la force de sculpter. Si nous acceptons le fait qu'il faut bien un sculpteur pour fabriquer une idole, alors pourquoi est-il si difficile d'admettre la possibilité que cet univers ait été créé par un Sculpteur divin ? En vénérant une représentation du Divin, nous développons l'ouverture du cœur nécessaire pour aimer et respecter tous les êtres vivants, y compris le sculpteur de l'idole. Le fait de prier et de visualiser Dieu en l'idole nous purifie intérieurement et nous élève à l'état de conscience où nous percevons et vénérons Dieu en tout. Tel est le but du culte des idoles. Tandis que tous les symboles qui nous rappellent le monde matériel en définitive nous limitent et nous enferment, les symboles qui éveillent en nous la conscience du Divin nous mènent à un état d'ouverture qui transcende de loin, toutes les limites. Le culte rendu à une image divine nous aide à voir Dieu partout, en tout.

ॐ

Question : Quelle est l'origine du culte des idoles ?

Amma : Pendant le Satya Yuga[11], l'âge de la vérité, Prahlada, le jeune fils du roi-démon Hiranyakashipu, a répondu à la question de son père par l'affirmation : « Dieu existe même

---

[11] Le *Satya Yuga* désigne l'âge d'or. Il existe quatre *yugas* (âges ou périodes.) Voir glossaire.

dans ce pilier ! ». C'est alors que Dieu est sorti du pilier sous la forme de Narasimha, l'Homme-lion. Puisque Dieu, omniprésent, est apparu en sortant d'un pilier, donnant toute sa véracité à la conviction de Prahlada, nous pouvons dire qu'il s'agit là du premier culte rendu à une idole. L'histoire de Prahlada est célèbre. Le roi-démon Hiranyakashipu désirait conquérir les trois mondes[12] et s'assurer qu'il ne mourrait jamais. Il se livra donc à de sévères austérités afin d'obtenir les faveurs de Brahma, le Créateur. Satisfait de ses austérités, Brahma apparut devant Hiranya-kashipu et lui accorda une faveur de son choix. Le roi-démon déclara alors : « La faveur que je désire, c'est l'assurance que je ne serai pas tué par quoi que ce soit qui existe dans ta création. Je ne mourrai ni sur une rive, ni dans l'eau, ni dans le ciel, ni sur la terre. Je ne mourrai ni dans une pièce, ni à l'extérieur. Je ne mourrai ni durant la journée, ni la nuit, je ne serai tué ni par un homme, ni par une femme, ni par les êtres divins (devas), ni par les démons (asuras), ni par aucun vertébré, humain ou animal. Je ne veux être tué

---

[12] Les mondes célestes, la terre et les mondes inférieurs

par aucune arme. » Brahma le bénit en disant :
« Qu'il en soit ainsi ! » et disparut.

Mais pendant que le roi se livrait à ses austérités, il s'était produit certains événements.
En son absence, les êtres célestes triomphèrent
des démons lors d'une bataille. Indra, le roi des
êtres célestes, captura l'épouse d'Hiranyakashipu, Kayadhu, qui était enceinte et l'enleva. Il
rencontra alors le sage Narada qui lui conseilla
de laisser Kayadhu dans son ermitage avant de
retourner dans les mondes célestes. Et pendant
son séjour chez Narada, le sage enseigna à la
reine l'essence du Bhagavatam. L'enfant qu'elle
portait en son sein entendit cet enseignement.

Ayant terminé ses austérités, Hiranyakashipu
revint et remporta la victoire sur les *devas.* Puis
il alla jusqu'à l'ermitage de Narada et ramena
sa femme au palais. Fort de la faveur qu'il avait
reçue, son ego enfla démesurément. Il conquit
les trois mondes et vainquit les *devas* dont il fit
ses serviteurs. Il se mit à harceler les sages et
ceux qui adoraient Dieu, détruisant leurs *yaga
yajnas* (rites védiques élaborés). Il proclama qu'il
était interdit de chanter aucun mantra excepté
Hiranyaya Namah (Salutations à Hiranya, c'est-
à-dire à lui-même).

Le moment venu, sa femme donna le jour à un garçon auquel on donna le nom de Prahlada. Comme il se rappelait les enseignements donnés par Narada, en grandissant, il se révéla être un dévot de Vishnu. Quand il fut en âge d'étudier, son père l'envoya dans une *gurukula*[13]. Au bout de quelque temps, le roi, anxieux de découvrir ce que son fils avait appris, rappela Prahlada au palais.

Dès son arrivée, son père l'interrogea sur ce qu'il avait appris. Prahlada répondit : « Il faut vénérer Vishnu grâce aux neuf méthodes : en écoutant le récit de Ses incarnations, en chantant Sa gloire, en se souvenant de Lui, en servant Ses pieds, en Le vénérant, en Le saluant, en étant Son serviteur, Son ami et en s'abandonnant complètement à Lui. »

Le garçon n'avait pas appris cela à l'école ; c'est dans le ventre de sa mère qu'il avait entendu cela. Quand Hiranyakashipu entendit son fils prôner le culte de Vishnu, son pire ennemi,

---

[13] Un ashram avec un guru vivant où les disciples vivent et étudient avec le guru. Autrefois, les gurukulas étaient des écoles où les enfants venaient vivre et recevoir une éducation complète, fondée sur les Védas.

il entra dans une telle rage qu'il ordonna aux soldats de tuer son fils. Les soldats essayèrent de tuer le garçon de différentes manières mais sans jamais y parvenir. Hiranyakashipu finit par abandonner et renvoya son fils à la *gurukula* pour que les maîtres extirpent de son cœur cette dévotion. En fait, c'est le contraire qui arriva : entendant les conseils de Prahlada, les autres enfants *asura* devinrent eux aussi les dévots du Seigneur. Quand on rapporta les faits à Hiranyakashipu, il se mit de nouveau en rage et demanda à son fils : « S'il existe dans les trois mondes un autre dieu que moi, où est-Il ? » « Dieu est partout. » répondit Prahlada. « Est-Il dans ce pilier ? » rugit Hiranyakashipu. « Oui, Il est aussi dans ce pilier. » dit Prahlada. Hiranyakashipu donna un violent coup de poing dans le pilier qui se fendit pour laisser émerger le féroce Narasimha, l'homme-lion divin.

Ceci se produisit au crépuscule. Le Seigneur s'assit sur le seuil du palais, plaça le roi-démon sur ses genoux et le tua en lui lacérant la poitrine, sans autre arme que ses griffes. Ainsi, les paroles jaillies du cœur innocent de Prahlada devinrent vraies. Ce fut le début de l'adoration des idoles.

Sa foi était si forte qu'il croyait que Dieu était présent même dans un pilier et si ferme était sa conviction qu'elle devint une expérience réelle.

Examinons la vérité qu'illustre cette histoire. Dieu Tout-Puissant peut prendre n'importe quelle forme, Il peut avoir des attributs ou être sans attributs. L'eau saline peut se transformer en cristaux de sel et les cristaux de sel peuvent fondre et redonner de l'eau saline.

Cette histoire illustre encore une autre vérité : le caractère limité de l'être humain. L'intelligence de Dieu est au-delà de ce que peut saisir l'humain le plus intelligent et le plus puissant qui soit. L'intelligence humaine a une portée limitée, celle de Dieu est infinie.

Hiranyakashipu avait soigneusement choisi la faveur qu'il demandait. Son intention était d'échapper éternellement à la mort. Quand il a reçu cette faveur, il a cru fermement que personne ne pourrait le vaincre. Mais il ne connaissait pas Dieu. Dieu trouve des solutions à tout. Ni le jour, ni la nuit. Solution : le crépuscule. Ni sur la terre, ni sur l'eau : Dieu mit le roi-démon sur ses genoux. Ni à l'extérieur, ni à l'intérieur : Il s'assit sur le seuil. Ni homme ni animal : Il prit la forme d'un homme-lion. Aucune arme ne fut utilisée : Il tua le roi avec ses griffes. C'est ainsi que Dieu, sous la forme de Narasimha, tua Hiranyakashipu, le roi inique, sans violer aucune des faveurs accordées par Brahma. Dieu est au-delà de ce que l'intelligence humaine peut saisir. Il n'existe qu'une seule manière de connaître Dieu, c'est de s'offrir entièrement à Lui[14] et de prendre refuge à Ses pieds : la voie de l'abandon total de soi-même.

Les êtres humains possèdent à la fois l'intelligence de l'ego et la faculté de discernement. Le discernement (*viveka*) est pure intelligence, sans aucune trace d'impureté. Il est pareil à un miroir où Dieu se reflète clairement. Mais seuls ceux qui s'abandonnent à Dieu peuvent briser les limites de l'intelligence humaine et aller au-delà.

Certains demandent : « Voyez-vous Dieu, Le voyez-vous de vos propres yeux ? Je ne crois qu'à ce que je vois ! » Mais un être humain est limité de toutes parts. Nos sens de la vue et de

---

[14] Amma a dit que Dieu était au-delà de toute définition des genres. Cependant, quand Amma parle de Dieu, elle le fait à la manière traditionnelle, en employant le pronom Il.

l'ouïe ont une portée extrêmement limitée. Les gens ne réfléchissent pas à cela. Amma a une question. On ne voit pas le courant qui passe dans un fil électrique. Direz-vous pour autant qu'il n'y a pas de courant simplement parce que vous ne le voyez pas ? Si vous y touchez, vous recevrez une décharge électrique. Cela, c'est l'expérience. Supposons que vous rendiez la liberté à un oiseau. Il s'élève de plus en plus haut dans le ciel et il arrive un moment où il atteint une telle hauteur qu'il n'est plus possible de le voir. Déclarons-nous que l'oiseau n'existe plus parce que nous sommes incapables de le voir ? Est-il logique de décider que nous croirons seulement à ce qui tombe dans les limites de notre sens de la vue ? Pour le juge, les déclarations de mille personnes qui affirment qu'elles n'ont pas vu commettre le délit ne prouvent rien. La preuve, c'est la personne qui déclare avoir été témoin des faits. De même, tous ceux qui disent que Dieu n'existe pas ne prouvent rien ; la preuve, ce sont les paroles des sages qui ont fait l'expérience de Dieu.

Un athée soutenait partout que Dieu n'existe pas. Il arriva chez un ami. Il y avait là un magnifique globe terrestre. « Oh ! Que c'est beau ! » s'exclama-t-il. « Qui l'a fabriqué ? » Or, son ami était croyant et il répliqua : « Si cette reproduction artificielle de la Terre ne peut exister sans un créateur, nul doute que la création de la vraie Terre a exigé un créateur ! »

On dit que la graine contient l'arbre. Si vous ramassez une graine et l'examinez ou si vous mordez dedans, vous ne verrez pas l'arbre. Mais essayez de la planter. Faites l'effort nécessaire. Alors vous verrez naître un arbuste. Inutile de se contenter d'en parler ; il est indispensable de faire un effort. C'est seulement ainsi que vous obtiendrez l'expérience. Un chercheur scientifique a foi dans les expériences qu'il entreprend. Il se peut qu'un grand nombre de ses tentatives n'aboutissent pas, mais il n'abandonne pas pour autant. Il poursuit ses recherches dans l'espoir que ses prochaines tentatives seront couronnées de succès. Songez au nombre d'années qu'il faut pour devenir médecin ou ingénieur. Les étudiants ne se plaignent pas en disant qu'il leur est impossible d'attendre aussi longtemps. C'est uniquement parce qu'ils poursuivent leurs études avec une attitude d'acceptation qu'ils réussissent à atteindre leur but. Dieu n'est pas un être que nous pouvons voir avec nos yeux de chair. Dieu est la cause de toute chose. Si on vous demande ce qui est venu en premier, la graine de manguier ou le manguier, que répondrez-vous ? Pour que l'arbre apparaisse, il faut une graine et pour que la graine existe, il faut d'abord qu'il y ait un arbre. Il existe donc une cause première qui transcende à la fois l'arbre et la graine. Cela, c'est Dieu. Dieu est la cause primordiale, le Créateur de toute chose. Dieu est tout. Pour connaître Dieu, il faut développer en soi les qualités divines et abandonner l'ego à Dieu. L'état divin deviendra alors notre expérience. Prahlada est l'exemple de la dévotion la plus élevée. Il serait difficile de trouver un dévot qui ait autant d'abandon à Dieu que Prahlada. Quand nous échouons dans une entreprise, nous rejetons généralement la faute sur quelqu'un, avant de nous retirer. En outre, quand des difficultés surgissent, notre foi s'effondre généralement et nous blâmons Dieu. Mais voyez Prahlada. Les soldats de son père essayèrent à maintes reprises de le tuer : en l'immergeant dans l'eau, en le plongeant dans l'huile bouillante, en le lançant du haut d'une montagne, en le jetant dans le feu. Mais jamais la foi de Prahlada ne vacilla. Grâce à cette foi inébranlable, il ne lui arriva aucun mal. Face à la mort qui le menaçait, il continuait à répéter le mantra : « Narayana ! Narayana ! » Il lui fallut aussi entendre bien des choses visant à briser sa foi : « Sri Hari (Vishnu) n'est pas Dieu, c'est un voleur ! Dieu n'existe pas ! » etc. Malgré tout, Prahlada continuait à répéter le nom divin avec une conscience vigilante. Dans la plupart des cas, il suffit que nous entendions quelques mauvaises rumeurs pour que nous perdions aussitôt confiance en la personne concernée. Et si nous sommes confrontés à la souffrance, nous perdons la foi. Notre dévotion n'est qu'à temps partiel. Nous appelons Dieu quand nous avons besoin de quelque chose ; en dehors de cela, nous ne pensons jamais à Lui. Et si nos désirs ne sont pas satisfaits, notre foi disparaît. Voilà où nous en sommes. Mais malgré toutes les difficultés que Prahlada dut traverser, jamais il ne vacilla. Sa foi s'affermit bien au contraire à chaque crise. Plus les obstacles étaient nombreux, plus il tenait fermement les pieds du Seigneur. Voilà à quel point son abandon à Dieu était absolu. En conséquence, Prahlada devint un phare offrant sa lumière au monde entier. Aujourd'hui encore, son histoire et sa dévotion illuminent des milliers de cœurs. Prahlada se distingue par sa dévotion et par sa réalisation de la non-dualité (*advaita*). Tout ce que touche un être tel que Prahlada, totalement donné à Dieu, « se transforme en or ». C'est l'état auquel conduit l'abandon de soi.

La dévotion de Prahlada aboutit aussi à la libération de son père, Hiranyakashipu. Car celui qui meurt de la main de Dieu atteint la libération. Cela signifie qu'il fut libéré de son identification au corps et prit conscience de son être réel (*atman*). Le corps ne dure pas éternellement. Par sa propre expérience, Hiranyakashipu fut amené à comprendre que seul le Soi est éternel. Les êtres humains sont en vérité minuscules et pourtant, ils s'enorgueillissent de leur intelligence et de leurs capacités et critiquent Dieu. Dieu est le Principe qui transcende toute intelligence humaine. La manière de parvenir à Dieu, c'est d'accomplir les pratiques spirituelles prescrites par les *rishis*. Une de ces pratiques est de rendre un culte à une image du Divin.

ॐ

Question : Dans l'Hindouisme on vénère plus de trois cent millions de déités. Existe-t-il vraiment plus d'un seul Dieu ?

Amma : Dans l'Hindouisme il n'y a qu'un seul Dieu. Non seulement l'Hindouisme enseigne qu'il n'y a qu'un seul Être suprême mais il déclare en outre qu'il n'existe rien d'autre dans tout l'univers. Dieu se manifeste dans tout ce qui existe dans l'univers. Dieu est la Conscience qui demeure en tout. Il transcende tous les noms et toutes les formes mais Il peut aussi prendre n'importe quelle forme pour bénir un dévot. Le nombre des formes qu'Il peut assumer ou des états divins qu'Il peut manifester est infini. La douce brise, le vent fort, la tempête qui fait rage, tout cela, c'est bien le vent. Quelle manifestation serait impossible à Dieu qui est tout-puissant et maîtrise même la tempête ? Qui pourrait décrire Sa gloire ? L'air peut être immobile ou souffler en tant que vent, l'eau peut se transformer en vapeur ou en glace et Dieu peut assumer un état sans attribut ou un état avec attributs. Ainsi, c'est un seul et unique Dieu que les Hindous vénèrent sous de nombreuses formes ou états, par exemple : Shiva, Vishnu, Ganesha, Muruga, Durga, Sarasvati et Kali. Les goûts diffèrent selon les personnes. Les individus grandissent dans des cultures et des environnements différents. Dans le *sanatana dharma*, les gens sont libres de vénérer Dieu sous n'importe quelle forme ou état divin, selon leur goût et leur degré de maturité. C'est ainsi que les différentes manifestations de Dieu sont apparues dans l'Hindouisme. Il ne s'agit pas de différents dieux. Ce sont tous des aspects de l'Être suprême unique.

ॐ

Question : Si Dieu est omniprésent, y a-t-il besoin de temples ?

Amma : Une des caractéristiques du sanatana dharma, c'est qu'il se met au niveau de chaque individu pour ensuite l'élever spirituellement. Les gens ont des *samskaras* différents. Chaque individu a besoin d'être guidé selon son tempérament. Il y a des malades qui sont allergiques à certaines piqûres et il faut leur donner d'autres médicaments. Ainsi, il faut prendre en compte les caractéristiques particulières de chaque personne au niveau physique et psychologique et prescrire la méthode adéquate qui convient au samskara de cet individu précis. C'est ainsi qu'apparaissent différentes traditions. La voie de la dévotion, la voie de l'action désintéressée, l'adoration du Divin avec ou sans attributs, voilà comment toutes ces voies se sont développées. Mais elles ont le même fondement : le discernement entre ce qui est éternel et ce qui est éphémère.

Le but de l'*archana*[15], des chants dévotionnels et des rituels d'adoration est le même. Un enfant aveugle apprend l'alphabet par le sens du toucher, un enfant sourd apprend par le langage des signes. Il faut guider chacun selon son niveau de compréhension. Les temples sont nécessaires pour élever la conscience des êtres ordinaires en faisant descendre le Divin au niveau physique.

---

[15] Une forme d'adoration dans laquelle on psalmodie les noms d'une divinité en récitant généralement 108, 300 ou 1000 noms d'une seule traite.

Il est impossible d'ignorer ou de rejeter qui que ce soit. Bien qu'il y ait de l'air partout, nous le ressentons de façon plus tangible à proximité d'un ventilateur, n'est-ce pas ? Il y a sous un arbre une fraîcheur spéciale que l'on ne trouve nulle part ailleurs. On y ressent la présence du vent et cette fraîcheur particulière. Ainsi, lorsque nous vénérons Dieu au travers d'un symbole qui Le représente (*upadi,* un médium*)*, il est possible de sentir plus clairement Sa présence divine. Bien que le soleil brille partout, dans une pièce où les volets ou les rideaux sont clos, il est nécessaire d'allumer la lumière pour y voir clair. Une vache a beau avoir du lait, il est impossible d'obtenir ce lait par les oreilles de la vache, on ne l'a que par le pis. Dieu est omniprésent, mais ceux qui ont foi dans le temple peuvent sentir Sa présence plus facilement. Pour cela, il est essentiel d'avoir la foi. La foi rend le mental réceptif. Bien que Dieu soit présent dans le temple, ceux qui n'y croient pas ne sentiront pas cette présence. C'est la foi qui nous donne l'expérience.

Amma et quelques-uns de ses enfants indiens regardaient un jour une danse exécutée par des couples occidentaux. Une des filles[16] d'Amma fut gênée de voir les couples se tenir la main en dansant. « Oh! non, » s'exclama-t-elle, « qu'est-ce que c'est que cette danse ? Un homme et une femme qui dansent si près l'un de l'autre ! » Amma lui demanda : « Si Shiva et Parvati dansaient ainsi, l'un près de l'autre, est-ce que tu t'en offenserais ? » Nous verrions le Divin en cette danse et cette promiscuité ne nous poserait aucun problème. Quand nous parlons de Shiva et de Parvati, tout devient saint et notre foi est vivante. Cette danse serait donc sacrée. En revanche, parce que nous sommes incapables de voir le Divin en ce couple-là, leur comportement nous dérange ! Le mental est donc ici le facteur déterminant. Si nous nous consacrons fermement à ce que nous croyons réellement, nous pouvons connaître Dieu. La foi est le fondement de tout.

Les lieux de culte, où d'innombrables personnes prient en tournant leur esprit vers Dieu, ont une qualité unique que l'on ne trouve nulle part ailleurs. Il n'y a pas la même ambiance

---

[16] Amma parle toujours de ses disciples et de ses dévots en les appelant ses enfants, ou ses fils et ses filles.

dans un bar que dans un bureau. L'atmosphère
du temple n'est pas la même que celle d'un bar.
Dans un bar, vous perdez votre santé mentale,
dans un temple, vous la regagnez. Les lieux de
culte sont imprégnés des vibrations de pensées
bénéfiques. Cela permet à ceux qui traversent
des conflits intérieurs de retrouver la paix et le
calme. L'air d'une usine de parfum est particulier, il y règne une merveilleuse odeur, tandis
que l'air d'une usine de produits chimiques est
tout différent.

L'atmosphère remplie de dévotion et les
vibrations sacrées qui règnent dans le temple
nous aident à nous concentrer et contribuent
à éveiller en nous l'amour et la dévotion. Un
temple est comparable à un miroir. Dans le
miroir, nous voyons nettement la saleté qui
macule notre visage et il est alors facile de le
nettoyer. Ainsi, adorer l'idole installée dans le
temple nous aide à purifier notre cœur. Le culte
rendu dans les temples est la première étape de
la vénération du Divin. Le temple et l'idole qui
y est installée nous permettent de vénérer Dieu
d'une manière personnelle et d'établir un lien
avec Dieu. Mais, peu à peu, il s'agit de développer la capacité de voir la Conscience divine

partout. Si l'adoration dans le temple est faite correctement, cela devient possible. C'est là le but réel du culte rendu dans les temples. Nous montrons aux enfants des images d'oiseaux en leur disant : « Ça c'est un perroquet, ça c'est un mainate ». Une fois que les enfants ont grandi, ils n'ont plus besoin des images pour identifier les oiseaux. Elles n'étaient nécessaires qu'au début.

En vérité, tout est Dieu. Il n'y a rien à exclure. L'escalier et l'étage d'une maison sont construits avec les mêmes briques et le même ciment mais on ne s'en aperçoit que quand on arrive en haut. Et pour y parvenir, nous avons besoin de l'escalier. Cette image illustre les bienfaits que nous apporte le temple.

On dit souvent que l'on peut naître dans un temple mais qu'il ne faut pas y mourir. Faisons du temple notre outil dans la quête de Dieu, mais sans nous y attacher. C'est seulement quand nous sommes libérés de tout attachement que nous sommes vraiment libres. Ne croyons pas que Dieu soit présent uniquement dans les idoles des temples. Tout est rempli de Conscience divine, de la Conscience suprême. Rien n'est inerte. Grâce à la pratique des rituels, il est possible d'atteindre un état intérieur où nous percevons l'essence de Dieu en tout, où nous aimons et servons tous les êtres. Il s'agit d'une attitude d'acceptation profonde envers tout ce qui est.

Nous sommes Dieu, tout ce qui nous entoure, c'est Dieu, et il est nécessaire que nous en prenions conscience. Voir que tout est un, que tout est nous-mêmes, telle est l'attitude qu'il nous faut cultiver. Comment serait-il possible de nourrir de la haine quand on voit Dieu en tout ? Le temple et ses rituels sont faits pour nous guider vers cet état intérieur.

L'océan et les vagues semblent différents mais, dans les deux cas, il s'agit bien d'eau. Les bracelets, les colliers, les bagues et les bracelets de cheville paraissent différents, on les porte sur différentes parties du corps mais, en réalité, tous ces bijoux sont de l'or. Du point de vue de l'or, ils sont tous identiques, il n'y a pas de différence. Mais d'un point de vue extérieur, ils sont différents.

Ainsi, les objets qui nous entourent, malgré leur apparente diversité, ne sont qu'une seule et même chose. C'est Brahman, la Réalité absolue. Il n'existe rien d'autre que Cela. Le but de la vie humaine est d'en prendre conscience, d'en faire l'expérience. Une fois que vous avez l'expérience de cette réalisation, tous vos problèmes disparaissent, comme les ténèbres s'évanouissent au lever du soleil.

Les scientifiques nous disent aujourd'hui que tout est énergie. Les *rishis* sont allés plus loin en déclarant que tout était conscience, la Conscience suprême. *Sarvam brahmamayam* – « Tout est Brahman, le Soi suprême », telle était l'expérience des *rishis*.

Mais pour connaître cette expérience, il faut dépasser l'idée que Dieu réside uniquement dans les idoles des temples. Il s'agit de voir le Suprême en tout. Pour y parvenir, le culte dans le temple doit être accompagné de la compréhension de ce principe. En réalité, c'est le Soi qui demeure en nous que nous adorons. Comme c'est difficile à comprendre pour la plupart des gens, nous projetons le Principe suprême sur l'idole, comme sur un miroir, et nous le vénérons en elle. Mais tout en adorant dans le temple, bâtissons un sanctuaire en notre for intérieur. Nous verrons alors Dieu en tout. Voilà le but du culte des idoles dans le temple. En réalité, c'est ce que nous faisons quand, debout devant le sanctuaire, nous apercevons quelques instants l'idole avant de fermer les yeux. Nous voyons intérieurement l'image de Dieu que nous venons d'entrevoir dans le sanctuaire du temple et nous espérons ensuite, en ouvrant les yeux, être capable de voir Dieu en tout. C'est ainsi qu'il est possible de transcender toutes les formes et de réaliser le Soi omniprésent.

Pour beaucoup d'entre nous, adorer Dieu est une activité à temps partiel. Ce qu'il nous faut, c'est une dévotion à plein temps. Prier pour qu'un de nos désirs soit exaucé, c'est de la dévotion à temps partiel. L'amour et la dévotion envers Dieu qui mènent à l'amour suprême, voilà ce qu'il nous faut. Notre seul désir devrait être d'aimer Dieu. Nous ne devrions pas prier pour quoi que ce soit d'autre. Pensant à Dieu continuellement, voyons-Le en tout. C'est Dieu qui nous a donné la faculté de prier. Sans la puissance divine, nous ne pourrions même pas lever le petit doigt. La dévotion à temps plein, c'est d'être toujours conscients que c'est Dieu qui nous fait agir quoi que nous fassions. Nous nous libérons ainsi de la notion du « moi », ancrée au niveau du corps-mental-intellect, pour faire l'expérience de ce que nous sommes : la conscience universelle.

Le grand poète Kalidasa entra dans le sanctuaire et referma la porte. La Mère divine frappa à la porte. Comme celle-ci ne s'ouvrait pas, Elle demanda : « Qui est dedans ? » La réponse fusa aussitôt : « Qui est dehors ? » Elle répéta Sa question : « Qui est dedans ? », pour recevoir la même réponse : « Qui est dehors ? » La Mère divine finit par répondre : « C'est Kali qui est dehors ! » Et la réplique vint : « Ton serviteur (*dasa*) est à l'intérieur ! »

Malgré les demandes répétées, il n'a jamais révélé qui était à l'intérieur, il n'a jamais dit son nom. C'est seulement quand il a entendu « C'est Kali qui est dehors ! » qu'il a dit : « Ton serviteur est à l'intérieur ! » A ce moment-là, il a reçu la vision de Kali. Quand nous perdons la notion du « moi », tout ce qui reste, c'est « Toi, Dieu ». L'identité insignifiante « je » doit être abandonnée. La véritable dévotion, c'est la conscience que « Tu es tout, c'est Toi qui nous fais agir ! » C'est ainsi que nous obtenons tout. Il n'y a alors plus rien à atteindre.

C'est Dieu qui nous a donné la vue. Il n'a pas besoin de la lumière de la lampe à huile pour laquelle nous avons dépensé dix roupies ! Dieu n'a rien à recevoir de nous. Si nous prenons refuge en Lui, c'est nous qui y gagnons. L'argent que nous offrons au temple symbolise notre abandon à Dieu, cela nous aide à développer cette attitude d'abandon. En outre, quand nous allumons une lampe avec de l'huile ou du *ghee* (beurre clarifié), la fumée qui monte de la flamme purifie l'atmosphère. Ne faisons pas d'offrande pour obtenir qu'un désir soit exaucé et ne considérons pas Dieu comme quelqu'un qui accepte des pots de vin !

Une graine que nous gardons dans la main ne germera pas même si elle appartient à la meilleure variété. Il faut y renoncer et la semer. C'est seulement grâce à l'abandon à Dieu que nous en récoltons le fruit. Ainsi, renonçons à l'attitude « Ceci est à moi » ou « Mon désir doit être exaucé » et développons au contraire l'attitude « Tout appartient à Toi seul. Que Ta volonté soit faite ! » Notre dévotion ne sera complète que grâce à un tel abandon. Bien des gens pensent que « l'abandon de soi » signifie donner quelque chose à Dieu et qu'alors seulement, nous obtiendrons un résultat. Mais ce n'est pas ainsi qu'il faut comprendre l'abandon à Dieu. Actuellement, nous en sommes encore au niveau du mental et de l'intellect. « Je suis ce corps. Je suis le fils ou la fille d'Untel. Je m'appelle X ou Y. » Il s'agit de se défaire de tous les attributs que nous avons ajoutés au « moi ».

L'ego, voilà la seule chose que nous avons créée et c'est à cela qu'il faut renoncer. Nous devons abandonner l'ego à Dieu. Ensuite, il ne reste plus que ce qui a été créé par Dieu. Nous devenons alors une flûte qu'Il porte à Ses lèvres ou le son qui jaillit de Sa conque. Pour accéder au niveau de l'infini, il suffit de se libérer du mental individuel, notre propre création. Une fois que nous avons renoncé au « moi » et au « mien », il n'y a plus d'individu limité ; il n'y a plus que Cela, la réalité présente en tout.

Une graine ne germe pas si on la jette sur de la roche. Il faut la mettre en terre. Ainsi, si nous voulons récolter le bénéfice réel de nos actions ou de nos efforts, débarrassons-nous de l'ego et développons une attitude d'abandon à Dieu. Alors, avec la grâce de Dieu, tout peut arriver.

C'est le mental qu'il faut abandonner à Dieu. Mais il est impossible de déraciner le mental et de l'offrir. Alors, nous offrons les choses auxquelles il est attaché, ce qui est l'équivalent. Certains aiment beaucoup le pudding de riz sucré (*payasam*), alors on offre du *payasam* à

Dieu. Et quand on le distribue ensuite comme *prasad* (nourriture bénie) à des enfants pauvres, il a encore une autre fonction. Le mental est fortement attaché à l'argent. C'est pour nous libérer de ce lien que nous offrons de l'argent au temple. Nous offrons aussi des fleurs. Mais en réalité, ce que nous devrions offrir à Dieu, c'est la fleur de notre cœur. Offrir son cœur, c'est s'abandonner réellement, c'est la véritable dévotion, symbolisée par l'offrande des fleurs.

Au lieu de réclamer : « Donne-moi ceci et cela ! », aspirons aux qualités divines que sont l'amour, la compassion et la paix intérieure.

Répétez un mantra, faites de bonnes actions et priez pour recevoir la grâce de Dieu. Dieu vous donnera tout ce dont vous avez besoin. Il est inutile de demander quoi que ce soit en particulier. Adorez Dieu avec amour. Il connaît tous nos désirs. Ne croyez pas que Dieu ne sait que ce que nous Lui disons. Il faut tout dire à un avocat ou à un médecin pour que l'avocat puisse plaider votre cause efficacement ou que le médecin puisse faire le diagnostic correct et prescrire le traitement approprié. Mais Dieu sait tout, même si nous ne Lui disons rien. Dieu est omniscient. Cependant, quand nous avons le cœur lourd, il n'y a rien de mal à Lui ouvrir notre cœur, à déposer notre fardeau à Ses pieds. Mais comprenons qu'il s'agit là d'un début. Peu à peu, il nous faut apprendre à adorer Dieu d'une manière désintéressée, sans rien attendre. Alors, quand nous prions pour nous-mêmes, c'est uniquement pour obtenir l'amour et la dévotion envers Dieu.

Quand le seul objectif de notre dévotion est de voir grandir en nous l'amour et la dévotion, tout ce dont nous avons besoin nous est donné en surplus. Nous recevons alors tant les bienfaits matériels que le progrès spirituel. On ne peut réaliser Dieu que grâce à la dévotion et à l'amour suprêmes et innocents. Prions pour obtenir l'union avec Dieu. Alors Sa grâce se répandra automatiquement sur nous et les qualités divines se manifesteront en nous. Dans le temple, essayez de garder votre esprit parfaitement concentré sur Dieu. Faites le tour du sanctuaire en répétant un mantra. Devant la divinité, prenez le *darshan*[17], fermez les yeux, visualisez la forme divine avec concentration et méditez sur elle.

---

[17] Rencontre avec un saint ou vision d'une forme divine.

Cependant, il ne suffit pas d'aller au temple et de passer un peu de temps en adoration. Consacrez chaque jour un certain temps à méditer sur Dieu. Répétez votre mantra autant que possible. Grâce à cela, le pouvoir spirituel grandit en nous. Si nous canalisons les eaux qui coulent dans les différents bras d'une rivière, nous obtiendrons une grande énergie. Nous pouvons même fabriquer ainsi de l'électricité. De même, l'énergie du mental s'éparpille au travers d'une multitude de pensées mais si nous le concentrons sur une seule pensée, il accumule alors une grande puissance. Si un être ordinaire ressemble à un poteau électrique, celui qui suit une ascèse spirituelle est comparable à une centrale électrique. Comprenons les principes de base qui président à l'adoration. Au lieu de penser qu'il existe de nombreuses divinités, considérons-les comme des formes différentes d'un seul et même Dieu.

Le nombre de personnes qui fréquentent aujourd'hui les temples va croissant. Mais comme pratiquement rien n'y est organisé pour expliquer notre héritage culturel aux dévots, il est peu probable que leur culture spirituelle et leur compréhension se développent au même rythme. La conséquence, c'est que les gens considèrent les temples comme des moyens de satisfaire leurs désirs. Ils vont au temple, ferment les yeux pour prier, et c'est leurs désirs qu'ils visualisent alors clairement. Amma ne dit pas qu'il ne faut pas avoir de désirs mais quand l'esprit est rempli de désirs, il est impossible de connaître la paix. Certains fréquentent les temples parce qu'ils craignent qu'il leur arrive malheur s'ils n'adorent pas Dieu. Mais Dieu nous protège de toutes les manières possibles. Si nous L'adorons correctement, nous serons complètement délivrés de la peur.

Le culte accompli aujourd'hui dans les temples n'est qu'une imitation, effectuée sans la compréhension du principe qui le sous-tend. Le fils accompagne son père au temple. Le père fait le tour du sanctuaire. Le fils fait la même chose, il copie tout ce que son père fait dans le temple. Le fils grandit et emmène à son tour son fils au temple. La même chose se répète. Si vous leur demandez pourquoi ils le font, ils sont incapables de vous répondre. Et dans les temples, rien n'est fait aujourd'hui pour leur expliquer le sens de ces pratiques.

Un homme faisait quotidiennement une *puja* dans le temple familial. Un jour, alors que tout était prêt et qu'il venait juste de commencer l'adoration, son chat entra dans la pièce et but le lait destiné à la *puja*. Le lendemain, quand il prépara la *puja*, il mit le chat[18] dans un panier. Il ne le libéra qu'une fois la *puja* terminée. Chaque jour, avant de commencer la *puja*, il ne manquait pas d'enfermer le chat dans un panier. Les années passèrent. A sa mort, le fils reprit la tradition de la *puja* familiale et perpétua aussi le rite qui consistait à mettre le chat dans un panier. Un jour, alors que tout était prêt pour la *puja*, il chercha en vain le chat et découvrit qu'il était mort. Alors, sans perdre une minute, il alla chercher le chat des voisins et l'enferma dans le panier. Puis il commença la *puja* !

Le fils n'avait jamais demandé à son père pourquoi il enfermait le chat. Il s'était contenté de copier les actes de son père sans chercher à en comprendre le motif. C'est ainsi que la plupart des gens observent aujourd'hui les rituels. Ils ne s'efforcent jamais d'apprendre les principes sur

---

[18] Certes, Dieu est aussi présent dans ce chat. Mais quand nous vénérons Dieu sous une forme particulière, la pureté extérieure est importante parce que la pureté extérieure mène à la pureté intérieure.

lesquels ces rites se fondent, ils ne font qu'imiter ce qu'ils ont vu faire.

Quelle que soit notre religion, efforçons-nous de comprendre le sens des différents rites. C'est ce qui est nécessaire aujourd'hui. Si nous agissons ainsi, les rites dépourvus de sens ne survivront pas. Dans le cas où ils seraient encore pratiqués, nous pourrions les abolir en connaissance de cause.

Un système devrait être institué dans les temples pour expliquer aux fidèles ce qu'est la spiritualité et quels sont les principes qui soustendent les coutumes observées dans les temples. Les temples devraient être des centres qui entretiennent chez les fidèles une culture spirituelle. C'est ainsi que nous pourrons retrouver notre brillant héritage spirituel.

ॐ

Question : Quel besoin y a-t-il de faire des offrandes au temple ?

Amma : Dieu n'a besoin de rien. Que pourrait-il manquer au Seigneur de l'univers ? Pourquoi le soleil aurait-il besoin d'une bougie ? La véritable offrande à Dieu, c'est de vivre avec la conscience des principes spirituels. Manger et dormir uniquement selon nos besoins, parler seulement quand c'est nécessaire, parler sans blesser personne, ne pas perdre inutilement notre temps ; se préoccuper des personnes âgées et leur parler avec amour, aider des enfants pauvres à recevoir une éducation ; si nous n'avons pas de travail, apprendre un métier que nous pouvons exercer chez nous et dépenser une partie du revenu pour aider les pauvres, voilà différentes formes de prière. Lorsque nous mettons notre conscience dans chacune de nos pensées, de nos paroles et de nos actions, la vie elle-même devient une prière.

C'est cela, la véritable offrande à Dieu. Mais la plupart des gens sont incapables de le comprendre parce qu'ils ne saisissent pas correctement les Écritures. De nos jours, les gens ont peu l'occasion d'apprendre à connaître réellement le *sanatana dharma*. Il existe une multitude de temples, de nombreuses personnes y travaillent, mais il faut trouver un moyen de transmettre aux dévots la connaissance de notre culture. Ils en retireraient de grands bienfaits. Les effets de ce manque sont visibles dans la société actuelle.

Il est bon de verser des larmes pour Dieu pendant la prière, quel que soit notre dessein. Cela nous mènera au bien suprême. Un bébé n'est peut-être pas capable de dire « papa » correctement mais le père comprend son enfant. Il sait que les fautes du bébé proviennent de son ignorance. Dieu nous entend, quelle que soit notre manière de prier. Dieu ne regarde que le cœur. Il ne peut ignorer les prières qui jaillissent d'un cœur sincère.

Quand on entend parler des offrandes au temple, il nous vient tout de suite à l'esprit ce qui est offert pendant la *puja*, comme par exemple le *payasam*. Certains interrogent : « Alors que les pauvres meurent de faim, comment pouvons-nous offrir des plats sucrés à Dieu ? » Mais nous ne voyons jamais aucune divinité consommer réellement le *payasam*. C'est nous qui le mangeons ensuite. Les dévots partagent le *payasam* offert au temple. Ainsi les pauvres et les enfants ont tous l'occasion de savourer cette nourriture. C'est leur satisfaction qui nous revient sous la forme d'une bénédiction. Bien que nous-mêmes aimions le *payasam*, notre cœur s'ouvre quand nous le partageons avec les autres. Cette ouverture du cœur nous donne de la joie. Voilà la véritable grâce que nous recevons en faisant des offrandes au temple.

Toutes nos actions visent à mériter la grâce de Dieu. Nous devrions donc accomplir chacune d'elles comme une offrande à Dieu. Les paysans prient avant les semailles parce que la portée de l'effort humain est toujours limitée. Pour qu'une action soit vraiment complète et qu'elle porte ses fruits, la grâce de Dieu est nécessaire. On plante le riz, il pousse et donne une récolte. Mais qu'une inondation survienne juste avant la récolte et tout est perdu. Quelle que soit l'action, c'est la grâce divine qui la fait aboutir. C'est pourquoi nos ancêtres maintenaient la tradition qui consiste d'abord à tout offrir à Dieu avant d'entreprendre ou d'accepter quoi que ce soit. Même quand nous mangeons, la première bouchée est offerte à Dieu. Il s'agit d'une attitude intérieure d'abandon et de partage. Ainsi, nous adoptons l'attitude qui consiste à considérer la vie non pas comme un bien qui nous appartient mais comme une richesse à partager avec les autres. Il s'agit aussi de déposer aux pieds du Seigneur tout ce à quoi nous sommes attachés. Si nous nous interrogeons pour savoir à quoi notre mental est attaché, la plupart d'entre nous connaissent bien la réponse. Notre attachement est à quatre-vingt-dix pour cent tourné vers la richesse.

Au moment de diviser la propriété familiale, nous n'hésitons même pas à traîner notre propre mère devant le juge si notre parcelle de terre a dix cocotiers de moins que celles de nos frères et sœurs. Avant qu'un homme indien épouse une femme, l'histoire et la fortune de sa famille sont prises en compte. Les exceptions sont rares, on peut les compter sur les doigts de la main. La richesse est donc ce à quoi le mental est le plus attaché et il n'est pas facile de l'en détacher. Une manière simple, c'est de consacrer son mental à Dieu. Quand nous offrons notre mental à Dieu, il est purifié. Nous offrons à Dieu les choses auxquelles nous tenons, ce qui est une manière de Lui offrir notre mental. Certains affirment que Krishna adorait le *payasam*. Mais Krishna *est* douceur ! - la douceur de l'amour. Nous aimons le *payasam* et, parce que nous l'offrons à Krishna, nous croyons qu'Il l'aime aussi énormément. Mais nous offrons là ce que *nous* aimons. En essence, le Seigneur est amour. Il se délecte du « *payasam* » de notre cœur, c'est-à-dire de notre amour.

Un dévot déposa dans sa salle de *puja* quantité de raisins, de pommes et de sucreries pour les offrir au Seigneur.

« Seigneur, dit-il, regarde tout ce que je T'ai apporté : des pommes, des raisins, des friandises ! Est-ce que Tu es satisfait ? »

Il entendit une voix qui disait : « Non, ce n'est pas cela qui me satisfait.

« Ô Seigneur, dis-moi ce qui Te ferait plaisir, je Te l'achèterai. »

Il existe une fleur que l'on appelle la fleur du mental. Voilà ce que je veux. »

« Où vais-je la trouver ? »

« Dans la maison la plus proche. »

Le dévot alla aussitôt demander chez les voisins mais ils n'avaient jamais entendu parler d'une telle fleur. Il fit le tour de toutes les maisons du village. Partout on lui faisait la même réponse : « Nous n'avons jamais vu ni entendu parler d'une telle fleur. » Le dévot finit par revenir dans la salle de *puja* où il se prosterna en disant : « Seigneur, pardonne-moi, je T'en prie ! J'ai parcouru tout le village mais je n'ai pas trouvé la fleur que Tu désirais. Je n'ai rien à T'offrir que mon cœur. »

« C'est cela, la fleur que je t'ai demandée, la fleur du mental. Jusqu'à présent, tout ce que tu m'as offert, c'étaient des objets créés avec mon pouvoir. Sans lui, tu ne peux même pas lever la main. Tout ce qui existe en ce monde fait partie de ma création. Mais il existe une chose que tu as créée, c'est l'ego. Cela, tu dois m'en faire l'offrande. Ton cœur innocent, voilà la fleur que je préfère à toutes les autres. »

Quand Amma dit cela, vous demandez peut-être pourquoi on devrait offrir des fleurs à Dieu. Mais il ne s'agit pas uniquement d'un rituel, il y a aussi un aspect pratique.

Beaucoup de gens cultivent les fleurs offertes à Dieu. Les horticulteurs et les marchands de fleurs ont ainsi un moyen de gagner leur vie. Les acheteurs, les dévots qui offrent ces fleurs au Divin en retirent aussi de la joie. Ces fleurs éphémères sont ainsi à la fois le gagne-pain de bien des gens et source de joie pour les dévots qui les offrent en adoration. En outre, ces plantes sont ainsi soigneusement préservées dans la nature. Il faut ainsi considérer l'utilité de chaque chose. « Une guirlande en tissu ne vaut-elle pas mieux qu'une guirlande de fleurs ? » demanderont certains. De telles guirlandes sont bonnes, elles aussi, et elles procurent de nombreux emplois, mais elles ne se flétrissent pas rapidement. Les vraies fleurs s'épanouissent une journée pour se faner et choir le lendemain. C'est ainsi que nous pouvons en faire un usage maximum.

Quand nous comprenons les principes divins, les qualités divines se manifestent en nous. Amma se souvient comment autrefois, avant de se rendre en pèlerinage à Sabarimala, les villageois faisaient cuire du gruau de riz et un curry de légumes spécial et nourrissaient tous ceux qui venaient. Avant de mettre le sac de pèlerin sur leur tête, ils distribuaient des poignées de piécettes aux enfants.

Quand nous rendons les autres heureux en offrant par exemple aux pauvres un repas somptueux ou de l'argent aux enfants pour qu'ils puissent s'acheter des bonbons, cela nous revient sous forme de satisfaction intérieure. La bonté affectueuse que nous manifestons envers autrui nous est retournée sous forme de grâce.

L'argent que nous donnons au temple n'est pas une sorte de pot-de-vin ; il symbolise notre amour pour Dieu. Donner à quelqu'un que nous aimons, c'est le visage que prend l'amour. Quand l'amour s'exprime, il prend la forme de la bonté affectueuse. Nous aimons Dieu, mais c'est seulement quand nous Lui offrons quelque chose que cet amour est transformé en compassion pour le monde. Seuls ceux qui agissent ainsi recevront la grâce de Dieu.

Nous obéissons généralement à tous les désirs de la personne que nous chérissons. Un jeune homme entend la femme qu'il aime lui demander d'arrêter de fumer. S'il l'aime vraiment, il renoncera à cette mauvaise habitude. C'est cela, l'amour. Si, en revanche, il discute avec elle et demande pourquoi il devrait se conformer à son désir, alors il ne l'aime pas réellement.

Dans l'amour, il n'y a pas deux individus. Amma a vu bien des gens renoncer ainsi à de mauvaises habitudes. Ils déclarent : « Elle n'aime pas que je boive ! Elle n'aime pas les vêtements que je porte ! » Mais, direz-vous, n'est-ce pas là une faiblesse de s'adapter ainsi à ceux que l'on aime ? En amour, il ne s'agit pas d'une faiblesse. Si la raison et la logique s'en mêlent, vous ne pouvez pas savourer l'amour. Dans l'amour, il n'y a que l'amour. Il n'y a pas de place pour la logique.

Ceux qui aiment Dieu sincèrement abandonnent leurs mauvaises habitudes. Ils ne font rien qui Lui déplaise. Ou s'ils commettent une faute, ils s'efforcent de ne pas recommencer. Ils économisent l'argent qu'ils avaient l'habitude de dépenser pour satisfaire leurs mauvaises habitudes et s'en servent pour soulager ceux qui sont dans la misère parce que servir les pauvres est le véritable culte du Seigneur. Ils limitent les dépenses somptueuses et mettent l'argent ainsi économisé au service des pauvres. Ils prennent l'habitude de ne jamais utiliser plus que ce dont ils ont besoin. Ils renoncent au désir d'amasser de la fortune. Ils abandonnent toute idée de s'enrichir aux dépends des autres. C'est ainsi qu'ils maintiennent l'équilibre et l'harmonie de la société.

Nous n'avons pas besoin de gymnastique intellectuelle mais de bon sens pratique. C'est cela qui est bénéfique pour tous. On dit que mentir rend aveugle. Nous savons tous intellectuellement que si c'était vrai, il n'y aurait que des aveugles sur la terre. Mais si nous disons cela à un enfant, il a peur et s'abstient de mentir.

Imaginez que vous disiez à un enfant qui regarde la télé : « Viens mon enfant, on va t'accorder l'immortalité ! » L'enfant refusera en disant qu'il est heureux de regarder la télé. Mais si on lui dit : « Cours vite, la maison brûle ! » il ne lui faudra qu'un instant pour se précipiter dehors. Ces paroles le feront bondir et passer à l'action.

Cela n'a rien à voir avec l'intellect, de telles paroles ont un but pratique. Bien des coutumes peuvent paraître dépourvues de sens, pure superstition, mais si nous les examinons d'un œil plus subtil, nous voyons qu'en pratique, elles sont bénéfiques. Le mental est très limité, il manque de discernement et il est infantile. Ces pratiques le guident dans la bonne direction.

Un nourrisson ne peut pas digérer la viande, cela le rendrait malade. Un petit enfant ne peut prendre qu'une nourriture simple. Il faut descendre au niveau de chacun et le guider de manière appropriée. On doit lui expliquer les choses d'une manière qui convient à sa constitution physique, psychologique et intellectuelle.

Le *sanatana dharma* contient des enseignements adaptés à tous les types de personnes. C'est pourquoi, aux yeux de certains, il y a des aspects du *sanatana dharma* qui peuvent sembler manquer de raffinement ou même grotesques. Mais si nous les examinons de manière logique, nous verrons à quel point ils sont utiles dans la pratique. Il n'est pas faux d'affirmer que le pragmatisme est le fondement du *sanatana dharma*.

ॐ

Question : Nous voyons des bijoux de prix orner les idoles dans les temples. Comment un tel luxe est-il compatible avec la dévotion et la spiritualité ?

Amma : L'or et l'argent utilisés pour décorer les représentations du Seigneur n'appartiennent pas à un individu particulier mais à l'ensemble de la société. Cette richesse demeure dans le temple.

La plupart d'entre nous n'achètent-ils pas des bijoux en or pour les garder chez eux ? Apprécier la beauté fait partie de notre nature. Nous aimons tout ce qui est beau.

C'est pourquoi les gens portent des bijoux et des vêtements très colorés. Mais cette attirance pour les choses extérieures nous enchaîne ; elle renforce l'idée que nous sommes le corps. Si notre attirance pour la beauté est dirigée vers Dieu, cela nous élève spirituellement. Quand nous décorons l'image du Seigneur, nous apprécions une beauté qui est divine. Ainsi, notre mental se concentre sur Dieu. Même sans aucun ornement, Dieu est la quintessence de la beauté. Mais d'ordinaire, nous ne sommes capables d'apprécier cette beauté qu'au travers de certains symboles ou accessoires qui la limitent. Nous décorons donc ces idoles selon l'idée que nous nous faisons de Dieu.

Autrefois, c'était le roi qui régnait sur tout le pays. Mais Dieu est le Souverain de l'univers. Les gens imaginaient Dieu comme un roi. Ils croyaient que Dieu fournissait tout ce qui est nécessaire dans l'univers, exactement comme le roi le faisait pour ses sujets. Ils concevaient

Dieu comme le Roi des rois. C'est pourquoi ils ornaient les représentations de Dieu, les idoles des temples, d'une manière royale et cette beauté leur procurait de la joie.

Un vase en or n'a pas besoin de décoration. Dieu n'a pas besoin d'ornements. Dieu est la Beauté de toutes les beautés. Et pourtant, certains dévots éprouvent de la joie à décorer la statue d'une divinité et à contempler sa beauté. Cette joie crée dans leur cœur des vibrations bénéfiques. Ces parures contribuent ainsi à faire grandir leur dévotion.

Tant que nous n'avons pas atteint l'état de *jivan-mukta*[19], nous cherchons inévitablement la beauté dans les objets extérieurs. Cette quête de la beauté se retrouve dans tous les domaines. Chacun souhaite être le plus bel homme ou la plus belle femme qui soit. Puisque Dieu est la beauté parfaite, qu'y a-t-il de mal à désirer voir Dieu (ou l'image de Dieu) sous la forme la plus belle possible ? Dieu est la Conscience universelle omniprésente. Les dévots savent que Dieu est partout, à l'intérieur comme à l'extérieur.

---

[19] L'état de réalisation du Soi, ou l'illumination, obtenu tandis que l'on est encore en vie.

Et cependant, ils aspirent tout naturellement à contempler cette forme captivante et à se délecter de cette beauté.

« Charmantes sont Ses lèvres, charmant est Son visage, Son sourire est charmant, Son cœur est charmant, charmante est Sa démarche, tout, chez le Seigneur de Mathura[20] est charmant[21]. » Aux yeux du dévot, tout ce qui a trait au Seigneur rayonne de beauté et il s'efforce de la savourer au travers de tous les sens : Sa forme divine est là pour les yeux, Ses chants divins pour l'oreille, Son *prasad* pour la langue, Son parfum pour l'odorat et les onguents spéciaux comme la pâte de santal pour le toucher. On peut ainsi utiliser tous les sens pour concentrer son mental entièrement sur Dieu. Qu'Il se manifeste sous la forme d'un roi ou d'un mendiant, Dieu est parfait et complet. Nous ornons son image selon notre imagination, voilà tout. Il est impossible de limiter Dieu à nos concepts étriqués. Dieu ne manque pas non plus de quoi que ce soit.

---

[20] « Seigneur de Mathura » désigne Krishna. Mathura était la capitale du royaume que Krishna reconquit après avoir tué son oncle, le cruel Kamsa. Il rétablit alors son grand-père sur le trône.

[21] Madhurashtakam de Sri Sankaracharya.

Peu Lui importe que nous décorions ou non Son image. Aucun des objets précieux achetés par les dévots n'affecte Dieu en quoi que ce soit. Ce sont de simples parures, juste des ornements pour satisfaire les dévots.

Dans ce contexte, Amma se souvient de l'histoire de Sri Rama. Rama devait être couronné héritier du trône, c'était décidé. Les préparatifs pour la cérémonie battaient déjà leur plein. Mais soudain, on Lui demanda de partir en exil dans la forêt. Et Il s'en alla, sans en être le moins du monde affecté. S'Il l'avait voulu, Il aurait pu régner, car tout le monde était de son côté. Malgré tout, Il partit et jamais Il ne regretta sa décision parce qu'Il n'était attaché à rien. C'est à ce détachement qu'il nous faut parvenir en vénérant Dieu.

Le voleur que l'on emmène en prison est entouré de policiers. Le premier ministre est lui aussi entouré par la police. La différence, c'est qu'il a autorité sur les policiers. S'il souhaite qu'ils se retirent, il peut les renvoyer. Le voleur en revanche a peur de la police dont il est prisonnier. Comme le premier ministre, Dieu a pouvoir sur tout. Quelle que soit la forme qu'Il prend, cela reste vrai.

Quand Dieu se manifeste sur terre sous la forme d'une incarnation, celle-ci se comporte comme un être humain parce qu'elle souhaite être un exemple vivant pour le monde. Mais cela ne la lie en rien. Elle est pareille à du beurre qui flotte sur l'eau ou à une cacahuète mûre dans sa coque. Elle n'est attachée à rien, tout glisse sur elle.

ॐ

Question : Il existe une pratique qui consiste à offrir des substances telles que du miel et du beurre clarifié au feu lors des rituels sacrés (homa) afin d'obtenir la grâce de Dieu. Est-il juste de gaspiller ainsi ? On dit que de nombreuses choses coûteuses sont offertes au feu. Quel est le point de vue d'Amma là-dessus ?

Amma : Amma n'approuve pas l'offrande d'objets coûteux au feu. Si cette pratique a été instituée, c'est sans doute pour détruire l'attachement à ces richesses. Malgré tout, mieux vaut les distribuer que de les jeter au feu. Cela aiderait les pauvres et il semble plus logique à

Amma d'agir ainsi. Un homa possède toutefois certaines significations subtiles. C'est l'ego que l'on offre à Dieu. L'ego est la création du mental et un homa symbolise l'abandon du mental à Dieu. Les ingrédients que nous offrons au feu symbolisent les sens parce que ce sont eux qui lient, qui attachent le mental.

Pour recevoir la grâce de Dieu, il n'y a pas besoin d'accomplir un rituel au cours duquel nous offrons divers objets au feu. Il suffit d'accomplir de bonnes actions ; il suffit d'aimer et de servir autrui. La grâce de Dieu se répand sans faillir sur ceux qui ont cette attitude. Et, dans un certain sens, ce qu'on offre au feu n'est pas réellement gaspillé. Des sacrifices tels que les *homas* sont codifiés dans la partie des Védas qui traite des rituels (*karma kanda*). Certains des bienfaits de ces pratiques ont été scientifiquement prouvés. Un *homa* est bénéfique pour la nature.

Quand on offre du beurre clarifié, des noix de coco, du miel, des graines de sésame, de l'herbe *karuka* et d'autres ingrédients, la fumée qui émane du feu a le pouvoir de purifier l'atmosphère. Cette fumée désinfecte sans recourir à des produits chimiques toxiques. Ceux qui respirent la fumée odorante du *homa* en reçoivent également les bienfaits.

Nos ancêtres, dans les temps védiques, démarraient un feu en frottant deux morceaux de bois bien particuliers l'un contre l'autre. Cela ne polluait pas l'air comme le craquement des allumettes. En allumant un feu à l'aube et en accomplissant le *homa* à côté, assis dans une position confortable, nous arrivons à concentrer le mental. Les pensées diminuent. La tension mentale décroît.

Assis près du feu, le corps transpire et élimine ainsi les impuretés. Nous inspirons le parfum du beurre clarifié et des noix de coco qui se consument, et cela est bénéfique pour la santé. Simultanément, l'atmosphère est purifiée. Les coutumes et les rituels prescrits par nos ancêtres ne servaient pas uniquement à la purification intérieure, ils contribuaient également à maintenir l'harmonie dans la nature. Aucune des actions prescrites n'entraînait la moindre pollution. Autrefois, dans la plupart des foyers, c'était l'usage d'allumer une lampe à huile au crépuscule. La mèche qui brûle dans une lampe en bronze contribue à purifier l'atmosphère.

Enfant, Amma a observé comment on recueillait la fumée de ces lampes dans un bol. Les femmes mélangeaient la suie avec du jus de citron et à la naissance d'un enfant, on lui appliquait ce mélange autour des yeux. Cela détruit les bactéries logées sous les paupières sans aucun effet secondaire néfaste. Cette fumée est très différente de celle d'une lampe à kérosène. La plupart des coutumes observées autrefois étaient bénéfiques pour la nature.

Dans le passé, quand on vaccinait les enfants, la mère mettait de la bouse de vache à l'endroit de la piqûre pour que cela guérisse vite. Si on faisait cela aujourd'hui, la plaie s'infecterait tant la bouse de vache est devenue impure. Le remède d'hier est devenu poison aujourd'hui. A l'époque, on n'utilisait pas de produits chimiques dans l'agriculture. Il n'y avait comme engrais que des feuilles et la bouse de vache. Mais de nos jours, la plupart des cultivateurs utilisent des engrais et des insecticides toxiques. Les vaches mangent le fourrage qui vient de ces champs et la bouse de ces vaches est donc toxique. Il serait dangereux de mettre une blessure en contact avec cette bouse. Voilà à quel point, de nos jours, la nature est polluée.

Amma sait bien qu'il y a probablement un gain économique quand on utilise des engrais chimiques. Grâce à eux, nous obtenons temporairement de meilleures récoltes. Mais par ailleurs, ils nous tuent. On répliquera peut-être que les récoltes plus abondantes résolvent le problème de la famine mais, en raisonnant ainsi, nous négligeons un facteur important : d'innombrables cellules périssent dans le corps de ceux qui consomment les légumes et les céréales cultivés avec des engrais toxiques.

Nous ne prenons pas au sérieux une petite piqûre d'aiguille. Mais si nous sommes piqués constamment, cela peut entraîner la mort. Les conséquences de la présence des produits chimiques dans notre corps sont comparables. Toutes nos cellules sont en train de mourir. Nous ne comprendrons la gravité de la situation que quand nous nous effondrerons, morts. Par l'eau, l'air et la nourriture, nous absorbons de nombreux poisons. Ils nous rendent malades et nous conduisent plus rapidement à la mort.

Bien des choses faites aujourd'hui au nom de l'hygiène ont des effets nocifs mais nous n'en avons pas conscience. Les gens utilisent des produits chimiques pour nettoyer et désinfecter leur maison mais le seul fait de respirer ces produits nuit à notre santé. Ils tuent également des micro-organismes bénéfiques. Si, en revanche, nous accomplissons un *homa*, les produits offerts au feu tuent les microbes et purifient l'air. Aucun de ces produits n'a d'effet nocif.

Nous nous débarrassons aujourd'hui des fourmis avec des insecticides qui ne tuent pas seulement les fourmis mais aussi nos propres cellules. Par contre, quand nous respirons l'air parfumé qui monte du feu du *homa*, les cellules de notre corps en sont régénérées et assainies. Non seulement les êtres humains mais les autres êtres vivants et la nature en bénéficient.

Autrefois, les gens utilisaient de l'huile de ricin comme laxatif. C'était inoffensif. Mais, de nos jours, beaucoup de gens prennent des pilules laxatives. Elles ont bien l'effet recherché, mais elles détruisent aussi de nombreuses bactéries bienfaisantes à l'intérieur du corps et peuvent avoir d'autres effets secondaires. Bien qu'ils le sachent, les gens trouvent plus pratique de prendre les laxatifs. Ils ont tendance à voir uniquement ce qui est le plus facile dans l'instant présent et choisissent d'ignorer les conséquences futures de leurs actes.

Jadis, les gens agissaient à partir d'une vision d'ensemble de la nature. C'est ce point de vue qui a donné naissance au *homa*. Cela ne veut pas dire que, selon Amma, tout le monde doit se mettre à effectuer des *homas*. Il suffit d'utiliser cet argent pour des œuvres charitables. Et en plus, plantez dix arbres ! Vous contribuerez ainsi à préserver la nature et ce sera bénéfique pour l'atmosphère.

ॐ

Question : Chanter les noms du Seigneur, prier, réciter des mantras etc., cela a-t-il la moindre utilité ? Ne vaudrait-il pas mieux employer ce temps à faire quelque chose d'utile pour le monde ?

Amma : Beaucoup de gens chantent des chansons d'amour, romantiques et sensuelles. Si nous leur disions : « A quoi ça sert ? Ne devriez vous pas plutôt faire quelque chose d'utile pour le monde ? », que répondraient-ils ? N'est-il pas vrai que seuls ceux qui en ont ressenti les bienfaits peuvent comprendre ? Les gens aiment écouter des chansons. Quand le dévot entend le nom du Seigneur, il oublie tout le reste et s'absorbe dans le Divin. Les chansons ordinaires nous plaisent parce qu'elles expriment nos émotions. Les auditeurs se plongent dans ces sentiments et s'en délectent. Mais quand on chante les noms du Seigneur ou quand on prie, le chanteur et celui qui l'écoute goûtent tous deux la paix intérieure.

Des musiques comme la musique disco soulèvent en nous des vagues d'émotions variées. Les chansons d'amour font naître en nous des états d'âme romantiques et engendrent des pensées et des sentiments liés aux histoires d'amour. Les chants dévotionnels, par contre, nous rappellent notre lien avec Dieu et ce sont alors les qualités divines qui s'éveillent en nous au lieu des émotions humaines. Les émotions s'apaisent, ce qui apporte la paix à la fois aux chanteurs et à l'auditoire. Amma ne rejette pas les chansons ordinaires. Beaucoup de gens les apprécient. Il

existe dans le monde des gens de nature différente. Tout a sa raison d'être selon le niveau de
chacun. Amma ne rejette donc rien.

Lorsque nous chantons la gloire de Dieu,
notre but n'est pas seulement de réaliser Dieu.
Nous en retirons d'autres bienfaits. Les chants
dévotionnels et les prières éveillent des vibrations
bénéfiques en nous et les répandent dans notre
environnement. Il n'y a alors plus de place pour
la colère ou la négativité, seul règne le sentiment
de la fraternité universelle. Par la prière, c'est
un processus de contemplation qui se produit
dans l'esprit du dévot. Un enfant répète un mot
dix fois. Il le mémorise et le plante fermement
dans son cœur. Ainsi, quand nous chantons des
chants dévotionnels, quand nous célébrons un
grand nombre de fois la gloire et la grandeur de
Dieu, cela s'inscrit dans notre cœur et enrichit
notre vie.

Chanter des *bhajans* (chants dévotionnels)
apporte la joie et le repos au mental. Pour en
faire pleinement l'expérience, il faut développer
l'attitude : « Je ne suis rien, Tu (Dieu) es tout ! »
C'est cela, la vraie prière. Il n'est pas facile de
développer cette attitude intérieure. Pour que

les ténèbres disparaissent, il faut que le soleil se lève. Seule l'aurore de la connaissance permettra à cet état intérieur de s'épanouir pleinement en nous. Il n'est pas nécessaire d'attendre jusque là ; il suffit de cultiver la disposition intérieure adéquate et d'avancer.

Dieu est notre force, ne l'oublions pas. Nous n'avons pas même la maîtrise de notre prochaine respiration. Nous commençons à descendre l'escalier en disant : « J'arrive tout de suite ! » mais parfois la personne s'effondre, victime d'une crise cardiaque, avant d'avoir fini sa phrase. Essayons de développer l'idée que nous sommes de simples instruments entre les mains de Dieu.

Il ne faut pas prier ou chanter uniquement pour obtenir la satisfaction de ses désirs. Nombreux sont ceux qui considèrent la prière comme un moyen d'obtenir des gains personnels. Le but de la prière est d'éveiller en nous de nobles qualités et de bonnes vibrations. Si la vie n'est vécue que dans le but de satisfaire les désirs, le nombre des vols, des meurtres et des viols va augmenter. La présence de la police et la peur qu'elle engendre permettent au moins de limiter la délinquance. Mais c'est l'amour qui aide les humains à rester vraiment sur le droit chemin, l'amour et la dévotion pour Dieu. Tel est le moyen concret de maintenir l'harmonie dans la société.

La prière accompagnée de pensées positives produit de bonnes vibrations mais si les pensées sont mauvaises, les vibrations le sont aussi. La nature de la prière détermine les vibrations qui entourent une personne en oraison. Quelqu'un qui prie pour qu'il arrive malheur à son adversaire est rempli de colère. Et ce que le monde reçoit de cette personne, c'est de la colère. Ainsi, les vibrations qui émanent d'un individu en prière pour se répandre dans le monde dépendent entièrement de l'attitude intérieure avec laquelle il prie.

Un homme ressent des émotions différentes selon qu'il pense à sa mère, à sa femme ou à ses enfants. Quand il se souvient de sa mère, son cœur est rempli d'amour maternel et d'affection. S'il pense à sa femme, il éprouve peut-être des sentiments conjugaux et d'autres liés au partage, à l'échange entre les cœurs. Quand il pense à ses enfants, il ressent de l'amour paternel. Tous ces sentiments demeurent dans le mental et ils génèrent différentes vibrations. Comme les vibrations dépendent de notre état d'esprit, prenons soin de toujours accompagner nos prières de pensées positives. C'est seulement ainsi qu'elles apporteront quelque bienfait à l'ensemble de la société et à nous-même. La prière accompagnée de bonnes pensées, sans aucun sentiment de colère ou de revanche, non seulement élimine les tensions intérieures mais crée une atmosphère positive à l'intérieur comme à l'extérieur.

Les pensées sont comparables à un virus. Si vous approchez un malade qui a la fièvre, vous l'attraperez peut-être parce que les microbes porteurs de la maladie vous auront contaminé.

Si vous allez dans une usine où on met du parfum en bouteilles, votre corps s'imprègnera de cette odeur. De même, il existe des vibrations subtiles partout où on chante la gloire de Dieu. Ces vibrations se répandent dans notre aura. Mais pour cela, notre cœur doit s'ouvrir. C'est seulement ainsi que nous pourrons en profiter et nous ressourcer. Si le mental a une attitude négative, nous n'en recevrons aucun bienfait.

Même dans un environnement consacré à la spiritualité, les gens ne s'intéressent souvent qu'à ce qui relève des sens. C'est pourquoi certains ne reçoivent pas la grâce des maîtres spirituels qu'ils viennent voir alors que ceux-ci ont peut-être même répandu sur eux leur bénédiction. Une grenouille qui vit sous une fleur de lotus ne voit pas la fleur et n'apprécie pas son parfum. Le pis de la vache a beau regorger de lait, c'est uniquement le sang qui attire les moustiques.

Certains ne parviennent pas à voir de changement chez ceux qui ont une démarche spirituelle. Ils ne voient partout que des défauts. Il y a des gens qui critiquent l'Hindouisme en dénonçant les sacrifices d'animaux qui ont été pratiqués au nom de cette religion. A les entendre, on croirait que l'Hindouisme ne consiste qu'en cela ! Dans le passé, certains à qui on demandait de sacrifier leur nature animale, l'ego, ont dans leur ignorance offert en sacrifice de vrais animaux, bien vivants. Mais de nos jours, ne voyons-nous pas des hommes modernes, proclamant détenir la vérité, conduire des sacrifices humains dans le monde entier ? Songez au nombre de ceux que l'on tue au nom de la politique ou de la religion ! Nous proclamons avoir dépassé nos ancêtres, mais il n'en est rien. Le progrès que nous avons accompli mène en réalité à notre chute. Pour le comprendre, il faut adopter une vue d'ensemble de la situation, une vue du ciel car, si nous regardons d'en bas, notre perspective reste très limitée.

La plupart des gens appartiennent à un parti politique. C'est parfois la vie des fondateurs du parti qui les attire, leur idéalisme et leur esprit de sacrifice. Une fois ces idéaux adoptés, ils vont peut-être se mettre à leur service. Mieux vaudrait cependant qu'ils adoptent un idéal spirituel dans lequel la colère, la vengeance ou l'égoïsme n'ont aucune place. Où pourrait-on trouver plus nobles idéaux que dans la Bhagavad Gita ?

Certains disent : « Krishna n'affirme-t-Il pas dans la Gita que nous devons tout abandonner à Dieu et travailler sans rémunération ? ». Mais pratiquement personne ne se demande pour quelle raison le Seigneur a parlé ainsi. Une fois les semailles faites, qui sait si les graines germeront ou pas ? S'il ne pleut pas, on peut creuser des puits et irriguer mais, en dépit de tous nos efforts, il est impossible de prédire l'abondance de la récolte. Juste avant la moisson, une forte tempête ou une inondation peuvent survenir et détruire toute la récolte. Telle est la nature du monde. Si nous sommes capables de l'accepter, nous pourrons vivre sans nous affliger. C'est pourquoi Krishna dit : « Faites votre travail, le résultat est entre les mains de Dieu. Ne vous en inquiétez pas ! » Pour que nous obtenions le fruit de nos actions, quels que soient nos efforts, la grâce de Dieu est également nécessaire. Voilà ce qu'Il enseignait et non pas que nous ne devrions pas exiger ni recevoir de salaire pour notre travail.

Si vous croyez sincèrement qu'au lieu de chanter la gloire de Dieu, de prier ou de répéter Son nom, il suffit d'agir pour le bien du monde, alors cela suffit réellement. Dieu n'est pas une personne assise quelque part au-delà des sphères célestes. Dieu est partout. Le Créateur et la création ne sont pas différents. Il n'y a pas de différence entre l'or et la chaîne en or. Il y a de l'or dans la chaîne et la chaîne est de l'or. Dieu est à l'intérieur de nous et nous sommes en Dieu. En vérité, le summum, c'est de voir Dieu en tous les êtres humains et de les vénérer. Mais le mental doit adopter cette vision à cent pour cent. Il est très difficile d'agir de manière parfaitement désintéressée. Sans que nous en ayons conscience, l'égoïsme s'infiltre et nous ne recevons alors pas le plein bénéfice de notre action.

Certains déclarent : « Ne parlons plus de patrons ni d'employés, soyons tous égaux ! » Mais combien de patrons sont prêts à intégrer leurs employés dans leur classe sociale ? Est-ce que le chef de parti qui parle des droits des ouvriers est prêt à donner sa place à un militant ? L'altruisme se voit dans les actes, pas dans les paroles. Mais cela ne se fait pas en un jour parce que développer cette qualité exige une pratique constante. Souvenons-nous de remplir chaque respiration de bonnes pensées. Cultivons de nobles qualités. Notre souffle créera alors de bonnes vibrations dans l'atmosphère. On dit souvent que les usines polluent l'atmosphère mais il existe à l'intérieur de l'être humain un poison bien pire : l'ego. C'est celui-là qu'il faut craindre par-dessus tout. Les chants dévotionnels et les prières contribuent à purifier le mental porteur de ce poison. Il est difficile d'attraper une vache qui se sauve en lui courant après. Mais si vous l'attirez avec un peu de fourrage, la vache viendra à votre appel et il sera facile de l'attacher. Ainsi, répéter un mantra nous aide à maîtriser le mental. Bien que nous ne fassions qu'un avec le Créateur, actuellement nous n'avons pas la maîtrise de notre mental et ne sommes donc pas conscients de cette unité. Nous devons contrôler le mental de la même manière que nous utilisons la télécommande de la télévision pour sélectionner la chaîne que nous désirons. Notre esprit court actuellement après une foule de choses. Répéter le nom divin est une manière facile de ramener le mental vagabond et de le concentrer sur Dieu.

Grâce aux pratiques spirituelles, le mental développe la capacité de s'adapter à n'importe quelle situation. Les gens sont en général tendus. Répéter un mantra est un exercice qui nous libère des tensions. Autrefois, les enfants apprenaient à compter en utilisant des graines. Avec les graines, ils s'entraînaient à compter « un, deux, trois ». Ensuite, ils arrivaient à compter mentalement et n'avaient plus besoin des graines. Quand on manque de mémoire, on fait une liste avant d'aller faire ses courses. Une fois les achats terminés, on peut jeter la liste.

De même, nous sommes actuellement dans un état d'amnésie, nous ne sommes pas éveillés. Tant que nous n'avons pas atteint l'état d'éveil, il est nécessaire de répéter un mantra et de faire d'autres pratiques spirituelles.

Il existe des règles pour tout, il en existe donc aussi pour la méditation et pour les autres pratiques spirituelles. N'importe qui peut chanter des chansons mais il est impossible de donner un concert de musique classique sans formation musicale. Pour jouer en concert, il faut suivre certaines règles. De même, pour réussir à méditer, on a besoin d'un certain entraînement. La méditation est quelque chose de très précis, mais des problèmes peuvent survenir si elle n'est pas pratiquée correctement.

Un tonique est un bienfait pour le corps. Mais si, au lieu de prendre la dose prescrite d'une cuillerée à café, vous buvez toute la bouteille, cela vous fera du mal. Ou si vous prenez deux cuillerées à café au lieu de cinq, cela ne vous aidera pas non plus. Il faut respecter la dose prescrite. De même, il faut méditer selon les instructions données par le maître spirituel. Il y a également des pratiques qui ne conviennent pas à certains.

Si quelqu'un fait des pratiques spirituelles qui ne lui sont pas adaptées, il va devenir insomniaque ou même violent ou bien encore avoir des troubles physiques. Cela peut être dangereux si l'on n'y fait pas attention.

Par contre les chants dévotionnels, la récitation de mantras ou la prière ne peuvent pas entraîner ce genre de problèmes. N'importe qui peut les pratiquer sans danger. Il faut faire plus attention en ce qui concerne la méditation. Pour cela, le chercheur a besoin de l'aide du maître. Un vaisseau spatial peut décoller de la terre en surmontant la loi de la gravité mais il a souvent besoin d'une fusée porteuse qui se met en route plus tard pour lui permettre de réajuster sa trajectoire et de continuer son voyage. Ainsi, pour progresser dans le voyage spirituel, il est essentiel de recevoir du maître des instructions adéquates. Chacun de nous a le pouvoir d'être Dieu ou un démon, Krishna ou Jarasandha[22].

---

[22] Jarasandha était un roi puissant mais injuste qui gouvernait le royaume de Magadha à l'époque de Krishna. Il soumit plus d'une centaine de royaumes. Il fut vaincu à plusieurs reprises lors des guerres qu'il mena contre Krishna. C'est ensuite que Bhima, suivant les conseils de Krishna, tua Jarasandha au cours d'un duel.

Les deux tendances sont en nous, l'amour et la colère. Notre nature est déterminée par celle que nous choisissons de développer.

Il s'agit donc de cultiver de bonnes pensées, pures de toute colère, et un esprit clair, libre de tout conflit. Grâce à la prière et à la répétition d'un mantra, nous pouvons purifier notre esprit de toutes les négativités et oublier complètement tout ce qui n'est pas essentiel. D'ordinaire, nous oublions tout quand nous ne sommes pas conscients et dès que nous reprenons conscience, la mémoire nous revient et avec elle, la tension intérieure. Mais ce qui se produit grâce aux pratiques spirituelles est différent car nous oublions alors ce qui est indésirable tout en restant parfaitement éveillé.

En collant un avis de deux mots sur le mur, « Défense d'afficher », nous évitons des centaines de mots. Certes, l'avis est aussi une forme d'affichage mais il a une fonction plus importante. Il en va de même de la répétition d'un mantra. En répétant le mantra, nous réduisons le nombre des pensées. Quand toutes les pensées disparaissent, excepté le mantra, la tension qui les accompagne habituellement s'évanouit. Au moins, pendant que nous répétons le mantra, le mental est calme, libre de toute colère et de tout sentiment négatif. Le mental est purifié. L'égoïsme diminue et notre cœur s'ouvre. Nous créons ainsi de bonnes vibrations dans la nature.

En canalisant l'eau de plusieurs bras de rivière, on peut produire de l'électricité. Grâce à la répétition d'un mantra et à la méditation, il est possible de maîtriser la puissance du mental qui, autrement, se perd dans une multitude de pensées. C'est ainsi que nous pouvons conserver et augmenter notre énergie.

Si un porteur fait des études et devient un chercheur scientifique, il utilise toujours la même tête avec laquelle il portait auparavant des dizaines de kilos de bagages. Mais les capacités du porteur sont-elles les mêmes que celles du scientifique ? Si un porteur peut devenir un savant, pourquoi un être ordinaire ne pourrait-il pas s'épanouir pour devenir un être spirituel ? C'est possible grâce aux pratiques spirituelles, à une attitude altruiste et à de bonnes pensées. On peut accumuler un grand pouvoir spirituel en concentrant le mental.

Le pouvoir obtenu grâce à la répétition du mantra peut être utilisé pour le bien du monde. Il n'y a là aucun égoïsme. Le monde ne reçoit de tels êtres que des bonnes paroles et des bonnes actions.

Toutes les pratiques spirituelles visent à développer en nous le désir de consacrer notre vie au monde entier. Mais Amma est prête à adorer les pieds de toute personne prête à vouer sa vie au bien du monde, même si celle-ci n'a aucun penchant pour les disciplines spirituelles. Les bienfaits que l'on retire de la prière s'obtiennent aussi grâce au service désintéressé. Le don total de soi, c'est la perfection. Dans cet état, l'individu limité disparaît.

ॐ

Question : Certains pleurent quand ils prient. N'est-ce pas là un signe de faiblesse et une perte d'énergie ?

Amma: Pleurer en priant n'est pas une faiblesse. Quand nous pleurons pour des choses ordinaires, c'est comme si nous faisions flamber une bûche inutilement. Mais quand nous pleurons en priant, cela revient à utiliser cette bûche pour cuire du *payasam* (pudding de riz sucré) : cela nous apporte de la douceur. Plus une bougie se consume, plus l'éclat de sa flamme grandit. Quand nous pleurons pour des choses matérielles, cela allège peut-être le fardeau que nous avons sur le cœur mais il n'est pas bon de perdre son temps à se lamenter sur le passé ou à trembler pour l'avenir. « Est-ce que mon enfant va travailler assez dur pour réussir à l'examen ? » « Regardez ce qu'on m'a fait ! » « Que vont dire les voisins ? » Passer son temps à pleurer là-dessus, cela, on peut le considérer comme une faiblesse et elle ne mène qu'à la dépression et à d'autres troubles mentaux. Mais en ouvrant notre cœur pour prier Dieu, nous trouvons la paix et la tranquillité intérieures.

Quand nous prions en aspirant à Dieu, cela nourrit en nous de nobles qualités. Une prière qui vient du cœur, une prière où nous pleurons pour Dieu, stabilise et concentre le mental qui se focalise alors sur Lui seul. Au lieu de perdre de l'énergie, grâce à cette concentration, nous en gagnons. Bien que Dieu soit en nous, notre pensée n'est pas fixée sur Lui. Pleurer pendant la prière est une manière de concentrer le mental sur Dieu.

Quand un petit enfant dit : « J'ai faim », sa mère ne réagit peut-être pas tout de suite. Mais s'il se met à pleurer, elle accourt aussitôt pour le prendre dans ses bras et le nourrir. Ainsi, verser des larmes en priant est une bonne manière de maîtriser le mental. Ce n'est assurément pas une faiblesse.

Un chercheur qui suit la voie de la quête du Soi affirme : « Je ne suis ni le mental, ni l'intellect, ni le corps. Je ne suis ni mérite, ni démérite, je suis le pur Soi. » Ce processus de négation est fait à l'aide du mental. Pour ceux qui ne connaissent ni la méditation, ni le yoga, ni les Écritures, une manière facile de maîtriser le mental est d'ouvrir son cœur à Dieu en Lui disant tout, de pleurer et de prier pour la réalisation de Dieu. Il s'agit là aussi d'une forme de négation parce qu'au lieu de dire : « Je ne suis pas ceci, je ne suis pas cela », nous disons à Dieu : « Tu es tout. »

Certains préfèrent lire en silence tandis que d'autres doivent lire à haute voix pour bien comprendre ce qu'ils lisent. Chanter fort ou bien fredonner, les goûts diffèrent. Chacun choisit ce qui lui convient. Qualifier une de ces options de faiblesse serait une erreur. C'est une question de choix personnel, voilà tout.

Dieu est en vous mais le mental n'est actuellement pas orienté de manière à capter Sa présence. Supposons qu'il y ait un récipient devant vous. Vous aurez beau avoir les yeux ouverts, si vous avez l'esprit ailleurs, vous ne le verrez pas. Et si quelqu'un parle, vous ne l'entendrez pas non plus. Ainsi, bien que Dieu demeure en nous, nous ne Le connaissons pas parce que notre esprit n'est pas intériorisé. Nous ne regardons pas à l'intérieur. Généralement, l'esprit s'attache à une foule de choses extérieures. Il faut ramener le mental vers l'intérieur et le fixer sur Dieu. C'est ainsi que grandiront en nous les qualités divines telles que l'amour, la compassion et une vision qui considère tout de manière égale. Développons ces qualités en nous et autour de nous pour que d'autres en bénéficient. La prière a le même effet.

Un des enfants d'Amma lui a confié : « Je n'aime pas prier. A quoi ça sert ? » Amma lui a répondu : « Amma va te poser une question. Imagine que tu sois amoureux. Est-ce qu'il te déplairaît de parler à ta bien-aimée ? Est-ce que cela ne te ferait pas plaisir ? » Voilà ce qu'est la prière pour le dévot.

Pour le dévot, Dieu est tout. Et si quelqu'un désapprouvait le fait que tu parles à ta bien-aimée, comment réagirais-tu ? Attacherais-tu de l'importance à son opinion ? Ton affirmation au sujet de la prière est comparable. L'amour que nous ressentons pour Dieu n'est pas un amour ordinaire, il est sacré. Il est impossible de comparer l'amour et la dévotion pour Dieu à un amour ordinaire. Un homme désire de tout son être l'amour d'une femme et réciproquement. Dans cet amour, ils profitent l'un de l'autre. Mais ils ne parviennent pas à l'expérience de la plénitude ou de la perfection parce que ce sont tous les deux des mendiants.

La prière que le dévot adresse à Dieu est différente. Il implore la grâce qui lui permettra de développer en lui les qualités divines et d'élargir sa conscience afin de percevoir Dieu en tout être et de l'aimer comme tel. Pour le cœur du dévot, les chants dévotionnels sont un ravissement. C'est là qu'il trouve son plaisir. Dans le monde, les gens recherchent le plaisir à l'extérieur, mais le ravissement intérieur est bien autre chose et il est inoffensif. Une fois que vous y avez goûté, vous ne quêtez plus les plaisirs extérieurs.

Si on vous prépare une nourriture délicieuse chez vous, irez-vous chercher ailleurs ? Dans la prière, nous cherchons un lieu de repos à l'intérieur. Il ne s'agit pas d'une bougie qu'il faut allumer mais d'une lumière qui brille spontanément. Cette voie nous permet de découvrir la lumière qui brille en nous.

Dans le monde, les gens recherchent le bonheur en satisfaisant leurs désirs mais seule la prière nous apporte la paix. Le monde matériel nous procure bien parfois un peu de paix mais celle-ci n'est jamais durable. Si ceux que vous aimez vous ignorent, cela vous rend triste. Si une personne ne veut pas parler, l'autre est triste. Les gens recherchent partout le bonheur et quand leurs tentatives échouent, ils sont encore plus malheureux. Quand nous confions nos peines à quelqu'un, il réagit en nous parlant des siennes. Nous allons le trouver pour être consolé mais nous repartons chargé d'un double fardeau de souffrance ! Comme l'araignée qui tisse sa toile et y meurt, de tels attachements finissent par nous emprisonner. C'est comme un petit serpent qui essayerait d'avaler une grosse grenouille ! Pour s'en libérer, il s'agit de développer l'attitude du témoin. Tel est aussi le but de la prière.

Voici l'histoire de deux voisines. L'une d'entre elles perdit son mari. Dans sa douleur, la veuve se lamentait avec force. Sa voisine vint la consoler et lui dit : « Qui peut éviter la mort ? Si ce n'est pas pour aujourd'hui, c'est pour demain. Le courant électrique ne disparaît pas quand une ampoule claque. Ainsi, le Soi n'est pas détruit même si le corps meurt ». C'est ainsi qu'elle réconforta la veuve éplorée. Peu de temps après, la consolatrice perdit son fils. Elle se mit à pleurer toutes les larmes de son corps. La veuve se rendit chez elle et dit à son amie en deuil : « N'est-ce pas toi qui es venue me consoler quand mon mari est mort ? Te rappelles-tu tout ce que tu m'as dit alors ? » Mais rien de ce qu'elle disait ne calmait les pleurs de son amie, complètement identifiée à son chagrin. Et pourtant, quand sa voisine avait perdu son mari, elle avait pu prendre du recul et être témoin de la situation. C'est ainsi qu'elle avait pu la consoler et lui donner de la force.

Chaque fois que nous nous identifions à une situation, notre souffrance augmente. En revanche, quand nous considérons la situation du point de vue d'un témoin, notre force intérieure grandit. Nous lisons dans le journal qu'il y a eu un accident d'avion. Si nos enfants ou des personnes de notre famille se trouvaient dans l'avion, nous voilà paralysés par le chagrin et incapables de lire la ligne suivante. Si, en revanche, nous avons la certitude qu'aucun des êtres que nous aimons n'était dans cet avion, nous finissons l'article d'un œil distrait avant de passer au suivant.

Les relations humaines nous font parfois souffrir. Si l'amour de l'un diminue, l'autre risque de se mettre en colère. La cause, c'est que ce type de relation est fondé sur des espoirs et des souhaits, sur des attentes et des désirs. Mais quand nous pleurons pour Dieu, c'est complètement différent parce que nous n'attendons rien en échange de notre amour. Et pourtant, dans cet amour pur de toute attente, tout nous est donné. La vraie prière, c'est de demander :

« Seigneur, donne-nous Tes qualités et la force de servir de manière désintéressée ».

On demande souvent aux élèves de l'école primaire de copier des phrases ou des extraits d'un livre jusqu'à ce qu'ils les sachent par cœur. S'ils écrivent dix fois la leçon qu'ils n'ont pas retenue, ils ne l'oublieront plus, elle va s'imprimer dans leur mémoire. Ainsi, quand nous méditons régulièrement pendant nos prières sur les qualités divines, nous les assimilons, nous les fixons dans notre conscience. Le dévot qui éveille en lui ces qualités n'en est pas pour autant asservi, il s'élève jusqu'à un état qui les transcende toutes. Rien ne le lie, il demeure témoin de tout. En cultivant en nous les qualités divines, nous nous oublions et parvenons à aimer et à servir les autres. Alors, l'individu limité disparaît. C'est un état qui transcende toutes les qualités.

ॐ

Question : Aux yeux de certaines personnes, le shiva linga[23] est une chose obscène. Cette perspective est-elle fondée ?

Amma : Mes enfants, les gens disent cela uniquement parce qu'ils ne comprennent pas le principe ainsi représenté. Chacun voit le bien ou le mal selon ses propres tendances. Toute religion, toute organisation possède ses propres symboles, ses emblèmes. Le tissu utilisé pour fabriquer le drapeau d'un pays ou d'un parti politique ne coûte peut-être pas plus de dix roupies mais songez à la valeur que l'on y attache ! Les gens y voient leur pays ou leur parti politique. Pour les membres du parti, le drapeau symbolise les idéaux de leur parti. Si quelqu'un crachait dessus ou le déchirait en morceaux en disant qu'il ne vaut pas plus de dix roupies, il s'ensuivrait un grave conflit. Quand vous voyez un drapeau, vous ne pensez pas au coton dont il est fait ni aux excréments que l'on a employés comme engrais pour faire pousser ce coton et à leur odeur nauséabonde.

---

[23] Une pierre ovale de forme oblongue ; le principe de la créativité ; souvent vénéré comme un symbole du dieu Shiva.

Vous ne voyez dans ce drapeau que les idéaux du pays ou du parti qu'il représente.

Pour les enfants chrétiens d'Amma, la croix est un symbole de sacrifice. Quand on prie devant la croix, on ne pense pas que c'est un instrument qui servait à crucifier les criminels. Nous y voyons le symbole du sacrifice et de la compassion du Christ. Quand les enfants musulmans d'Amma se prosternent dans la direction de La Mecque, ils pensent aux qualités divines. Il est impossible de comprendre pourquoi certains ridiculisent et insultent les images et les symboles divins de la foi hindoue. Le *shiva linga* n'est pas le symbole d'une religion particulière ; il représente en réalité un principe scientifique.

Les symboles abondent en mathématiques et dans les sciences en général. Prenez l'exemple des signes de la division et de la multiplication. Ne sont-ils pas utilisés par des fidèles de toutes les religions et des citoyens de tous les pays ? Personne ne demande quelle était la religion de celui qui les a inventés. Personne ne les rejette pour ce motif. Tous ceux qui veulent apprendre les mathématiques acceptent ces signes. Ainsi, personne ne peut rejeter le *shiva linga* s'il comprend vraiment le principe qu'il représente. Mes enfants, le mot *linga* signifie « le lieu de la dissolution ». L'univers naît du *linga* pour finalement se dissoudre en lui.

Les *rishis* de l'antiquité ont recherché l'origine de l'univers et grâce aux austérités qu'ils ont accomplies, ils ont découvert que Brahman, la Réalité absolue, est la source et le support de tout. Il est impossible de décrire Brahman par des mots. On ne peut pas non plus le montrer. Le début et la fin de toutes choses reposent en Cela. Brahman, demeure de tous les attributs et de toutes les qualités, est sans attribut et sans qualité, dépourvu de forme. Comment décrire ce qui est sans attribut ? Le mental et les sens ne peuvent saisir que ce qui possède des attributs. Face à cette difficulté, les sages ont trouvé un symbole pour représenter le stade initial entre Brahman et la création : le *shiva linga*. Il représente la création de l'univers qui émerge de Brahman. Le *shiva linga* est le symbole utilisé par les *rishis* pour révéler la vérité, leur expérience intérieure, d'une manière compréhensible aux gens ordinaires.

Comprenons que la réalité ultime et sans attribut est au-delà des noms, des formes et de toute individualité et que les gens ont cependant besoin de méditer sur cette Réalité ultime et de l'adorer d'une manière qui leur soit accessible. Les *rishis* ont accepté le *Shiva linga* en tant que symbole scientifique utilisé à cet effet.

Les scientifiques qui étudient certains types de rayons invisibles à l'œil nu emploient des symboles pour en parler. Quand nous entendons parler de rayons X, nous savons qu'il s'agit d'un certain type de radiation. Ainsi, quand nous voyons le *shiva linga*, nous comprenons que c'est le Brahman sans attribut représenté dans son aspect doté d'attributs.

Le mot *shiva* signifie « propice ». C'est une qualité qui n'a pas de forme. En vénérant le *shiva linga*, qui en est le symbole, l'adorateur reçoit ce qui est propice. Il n'y a là aucune distinction de caste ou autre. Quiconque vénère le *linga* en ayant conscience de ce qu'il représente en reçoit les bienfaits.

Mes enfants, au début de la création, le principe ultime s'est divisé en *prakriti*[24] et *purusha*[25]. Par le mot *prakriti*, les *rishis* désignaient l'univers connaissable par les humains, celui dont ils peuvent faire l'expérience. Bien que le mot *purusha* signifie normalement « masculin », ce n'est pas le sens qu'il a ici.

Purusha, c'est la conscience du Soi. *Prakriti* et *purusha* ne sont pas séparés ; ils ne font qu'un. Comme le feu et le pouvoir de brûler, il est impossible de les séparer. Quand on parle de *purusha*, ceux qui n'ont pas étudié la spiritualité pensent au « masculin ». C'est pourquoi, bien que le Soi suprême soit pure conscience, on lui a donné une forme masculine et le nom de Shiva. Et *prakriti* a été représentée sous une forme féminine, appelée Shakti ou Dévi.

Tout mouvement possède un support immobile, exactement comme le pilon fonctionne sur la base immobile du mortier. Shiva est le principe immobile qui sous-tend tous les mouvements

---

[24] L'univers que nous pouvons connaître, dont nous pouvons faire l'expérience ; la nature.
[25] La conscience qui demeure dans le corps, la conscience-existence universelle, pure, immaculée.

dans l'univers tandis que Shakti est la puissance qui les cause. Le *shiva linga* symbolise l'unité de Shiva et de Shakti. Quand nous méditons sur ce symbole avec concentration, cette Vérité ultime s'éveille en nous.

Il faut aussi examiner la raison pour laquelle on a donné cette forme au *shiva linga*. Les scientifiques d'aujourd'hui disent que l'univers a la forme d'un œuf. En Inde, pendant des milliers d'années, on a désigné l'univers sous le nom de *brahmandam*, ce qui veut dire « le grand œuf ». Brahman signifie « le plus grand de façon absolue. » Le *shiva linga* est un microcosme de ce vaste œuf cosmique. En rendant un culte au *shiva linga*, nous vénérons en fait l'univers entier en tant que Forme propice et Conscience divine. Il ne s'agit pas là de l'adoration d'un Dieu qui trône quelque part dans les cieux. Cela nous enseigne que le moindre service désintéressé rendu à l'univers, à n'importe quel être vivant, est une façon d'adorer Shiva.

Notre état actuel est celui d'un oisillon prisonnier de la coquille de l'ego. Il ne peut que rêver de la liberté du ciel mais il ne peut pas en faire l'expérience. Quand l'œuf éclôt grâce à la chaleur du corps de la mère, alors seulement l'oisillon peut sortir de la coquille. Ainsi, pour que nous puissions goûter la béatitude du Soi, il faut que la coquille de l'ego se brise. Le *shiva linga* avec sa forme d'œuf éveille chez les adorateurs la conscience de cette vérité. Nous chantons : *Akasha linga pahi mam, atma linga pahi mam,* etc. Ces paroles signifient mot à mot : « Espace *linga*, protège-moi, Soi *linga*, protège-moi. » Le vrai sens de ces mots est : « Puisse Dieu, partout présent comme l'espace, me protéger ; puisse le Soi suprême, ma vraie nature, me protéger ! » La signification de *linga* n'est donc pas « phallus », car même les imbéciles ne prieraient pas des organes sexuels masculins de les protéger !

Mes enfants, attribuer un sens qu'il n'a pas à un symbole divin qu'un nombre incalculable de gens ont utilisé au cours des âges pour élever leur âme, le tourner en ridicule, qui peut bénéficier d'une telle attitude ? Elle n'engendre que la colère et le conflit.

Les *Puranas*[26] racontent que Shiva a brûlé Kama, le dieu du désir, dans le feu jaillissant de son troisième œil. Nous considérons aujourd'hui

---

[26] Des épopées divines qui décrivent la vie des dieux.

les choses matérielles comme réelles, éternelles ; croyant qu'elles nous appartiennent, nous nous intéressons exclusivement à elles. Quand le troisième œil de la connaissance s'ouvre, nous comprenons que tout cela est périssable et que seul le Soi est éternel. Alors, nous pouvons goûter la béatitude éternelle. Dans cet état, il n'y a pas de différence entre le masculin et le féminin, entre le tien et le mien. C'est ainsi qu'il faut comprendre la destruction de Kama. Le *shiva linga* nous aide à saisir ce principe et nous libère du désir sexuel. C'est pourquoi il était vénéré à la fois par les hommes et les femmes, les jeunes et les vieux, les brahmanes et les parias. Seul un esprit égaré par la luxure peut interpréter le *shiva linga* comme un symbole du désir sexuel. Il faut expliquer le sens réel de ce symbole à ces gens et leur permettre ainsi d'élever leur esprit.

Le *shiva linga* illustre le fait que Shiva et Shakti ne sont pas séparés, qu'ils ne font qu'un. C'est également vrai dans la vie de famille. Le mari et la femme devraient être un seul cœur, un seul esprit. Si l'homme est le soutien de la famille, la femme en est la *shakti,* la force. Il n'existe probablement pas d'autre symbole de l'égalité et de l'amour entre l'homme et la femme. C'est pourquoi, dans les temples *brahmasthanam* consacrés par Amma, le *shiva linga* revêt une telle importance.

ॐ

Question : On dit que Shiva demeure dans les lieux de crémation. Qu'est-ce que cela signifie ?

Amma : Le désir est la cause de la souffrance humaine. Si le mental cherche à satisfaire tous ses désirs, c'est qu'il a le sentiment : « Je suis incomplet ». Jamais vous ne connaîtrez une paix parfaite si vous vous préoccupez uniquement de gains matériels. Dans les lieux de crémation, les désirs matériels et le corps, l'instrument utilisé pour les satisfaire, sont réduits en cendres. Et là, dans ce lieu où les désirs et la conscience du corps n'existent plus, le Seigneur Shiva danse en extase.

Voilà pourquoi on dit qu'Il réside dans les lieux de crémation. Cela ne signifie pas qu'on ne peut connaître la béatitude qu'après la mort.

Tout est en nous. Nous ne faisons qu'un avec l'univers. L'un et l'autre sont plénitude. Quand l'attachement au corps meurt dans le feu de la conscience du Soi, nous débordons naturellement de béatitude.

Le corps de Shiva est orné de la cendre des bûchers funéraires. Cette décoration symbolise la victoire sur tous les désirs. En outre, il est très bon pour la santé d'appliquer de la cendre[27] sur le front. De plus, l'esprit prend ainsi conscience de la nature périssable du corps. Cela nous rappelle que le corps périra bientôt et qu'il s'agit donc de faire de bonnes actions au plus vite avant que la mort ne survienne.

Shiva porte le nom de *vairagi*, celui qui est détaché. Le détachement (*vairagya*), c'est l'absence d'attachement. Les enfants accordent beaucoup d'importance à leurs jouets tandis que ceux-ci n'ont aucune valeur aux yeux des adultes.

Le détachement, c'est ne pas accorder une importance indue à la réputation ou à la situation sociale, au confort, à la famille ou aux amis. En l'absence d'un détachement réel, notre

---

[27] La cendre sacrée (*bhasma*, *vibhuti*) est traditionnellement fabriquée avec de la bouse de vache séchée et brûlée.

bonheur dépend des dires d'autrui ! Nous ne sommes plus alors qu'une marionnette manipulée par les autres.

Le détachement, c'est ce qui nous donne la vraie liberté. Si nous sommes détachés, rien au monde ne peut voiler la béatitude qui demeure en nous. Shiva nous enseigne ce principe, Lui dont le corps est enduit de cendres et qui demeure dans les lieux de crémation. C'est pourquoi Il est considéré comme le premier parmi les gurus.

ॐ

Glossaire[28]

Advaïta – Non dualité, la philosophie qui enseigne que le Créateur et la création sont un et indivisibles.

Archana – « Offrande en adoration », une forme de culte dans laquelle on récite sans interruption les noms d'une divinité, généralement 108, 300 ou 1000.

Ashram – « Lieu de l'effort » ; un endroit où vivent des chercheurs spirituels ou bien dans lequel ils se rendent pour mener une vie consacrée à la spiritualité et effectuer des pratiques spirituelles. C'est généralement la demeure d'un maître spirituel, saint ou ascète, qui est leur guide.

Asura – Un démon, une personne qui a des tendances démoniaques.

Atman – Le Soi transcendantal (l'Esprit ou la Conscience) qui est éternel, notre nature essentielle. Un des principes fondamentaux

---

[28] Dans le glossaire le son ou est transcrit u comme c'est traditionnel.

du *sanatana dharma* est que nous sommes le Soi (esprit) éternel, pur, que rien ne peut entacher.

Avadhut(a) – Une âme ayant réalisé le Soi mais qui ne suit pas les conventions sociales. Selon les critères ordinaires, les *avadhuts* sont considérés comme très excentriques.

Bhagavad Gita – « Le chant du Seigneur ». *Bhagavad* = du Seigneur ; *Gita* = chant. Désigne spécialement des conseils. L'enseignement donné par Krishna à Arjuna sur le champ de bataille de Kurukshetra au début de la guerre du Mahabharata. C'est un guide pratique pour la vie quotidienne, valable pour tous. Il contient l'essence de la sagesse védique. Communément appelé « la Gita ».

Bhagavan – Le Seigneur, Dieu. Celui qui est doté des six qualités divines (*bhagas*), des huit pouvoirs (*siddhis*) et de la force, de la gloire, de la bonne fortune, de la connaissance et du détachement.

Bhagavatam – Une des dix-huit Écritures connues sous le nom de Puranas. Consacrée tout spécialement aux incarnations de Vishnu, elle raconte avec beaucoup de détails la vie de Krishna. Elle insiste sur la voie de la dévotion. Appelée aussi Srimad Bhagavatam

Bhajan – Chant dévotionnel.

Bhakti – L'amour et la dévotion.

Bhakti Yoga – « Union grâce à l'amour et à la dévotion » ; la voie de l'amour et de la dévotion, la voie spirituelle qui mène à la réalisation du Soi grâce à l'amour, à la dévotion et à l'abandon total à Dieu.

Bhava – Etat divin.

Brahma, Vishnu et Maheswara (Shiva) – Les trois aspects de Dieu associés à la création, à la préservation et à la dissolution.

Brahman – La réalité absolue, le Tout, l'Être suprême. « Cela » qui contient tout, est présent en tout, l'Un indivisible.

Brahmandam – Le « grand œuf », l'univers.

Brahmasthanam Temple – La demeure de Brahman. Nés de l'intuition divine d'Amma, ces temples uniques sont les premiers à montrer différentes divinités sculptées sur une seule pierre. La pierre a quatre faces où sont sculptés Ganesh, Shiva, Dévi et Rahu ; cela symbolise l'unité qui sous-tend les nombreux aspects du Divin. Il existe 16 temples brahmasthanam en Inde et un à l'île Maurice.

Brahmasutra – Les aphorismes du sage Badarayana (Véda Vyasa) qui exposent la philosophie du Védanta.

Brahmane – Dans le système indien des castes, les brahmanes étaient les prêtres et enseignaient les Écritures.

Darshan – Rencontre avec un saint ou un sage ; vision du Divin.

Déva – Celui qui resplendit, un dieu, un être céleste qui se trouve sur le plan astral dans un corps subtil, non physique.

Dévi – « Celle qui est lumineuse », la déesse, la Mère divine.

Dharma – De la racine *dhri* : soutenir, préserver. Souvent traduit simplement par « droiture ». Dharma possède en fait un grand nombre de sens qui sont profondément liés : ce qui soutient l'univers, les lois de la vérité, les lois de l'univers, les lois de la nature, ce qui est en accord avec l'harmonie divine, la droiture, la religion, le devoir, la responsabilité, la conduite juste, la justice, la bonté et la vérité. Le mot *dharma* désigne les principes essentiels de la religion. Il désigne aussi la véritable nature, le fonctionnement correct et les actions justes d'un être ou d'une chose. Le *dharma* du feu, par exemple, est de brûler. Le *dharma* des êtres humains est de vivre en harmonie avec les principes spirituels et de développer une conscience supérieure.

Durga – Un des noms de la déesse, de la Mère divine. Elle est souvent décrite brandissant des armes et montée sur un lion. Elle détruit le mal et protège le bien. Elle détruit les désirs et les mauvaises tendances (*vasanas*) de Ses enfants et leur dévoile le Soi suprême.

Ganesha – Le fils de Shiva et de Parvati. Il détruit les obstacles et accorde la réussite. Il est vénéré au début de chaque rituel et avant toute nouvelle entreprise. Ganesha a une tête d'éléphant et son véhicule est une souris. Cela symbolise le fait que Dieu existe en toutes les créatures, de la plus grande à la plus petite ; cela symbolise aussi la conquête de tous les désirs. La forme de Ganesh possède dans tous ses détails un sens philosophique très profond qui vise à guider le chercheur spirituel.

Gita – Chant. Voir **Bhagavad Gita.**

Guru – Celui qui détruit les ténèbres de l'ignorance, maître spirituel, guide.

Gurukula – Un ashram où demeure un maître vivant avec lequel les disciples vivent et étudient. Autrefois, les *gurukulas* étaient des internats où les enfants recevaient une éducation complète fondée sur les Védas.

Hatha Yoga – Développé dans l'antiquité, c'est un système ancien d'exercices physiques et mentaux qui vise à faire du corps et de ses fonctions vitales de parfaits instruments pour réaliser le Soi.

Homa – Un rituel dans lequel le feu sacré joue un rôle essentiel.

Ishwara – Dieu. L'aspect personnel de la Réalité absolue, celui qui contrôle, la source de la création.

Japa – La répétition d'un mantra, d'une prière ou d'un des noms de Dieu.

Jivanmukta – L'état de réalisation du Soi, l'illumination, que l'on atteint quand on est encore vivant.

Jnana – La connaissance. La connaissance suprême est une expérience directe au-delà de tout ce qui peut être perçu par le mental, l'intellect ou les sens, tous limités. On y parvient par des pratiques spirituelles et par la grâce de Dieu ou du maître spirituel.

Jnana Yoga – Union grâce à la voie de la connaissance. La voie spirituelle de la connaissance suprême qui comporte la perception et la compréhension de la nature réelle du Soi et du monde. Elle implique une étude en profondeur et sincère des Écritures, de pratiquer le détachement (*vairagya*), le discernement (*viveka*), la méditation. A l'aide de l'intellect, on se livre à la quête du Soi en se demandant « Qui/que suis-je ? » et en affirmant « Je suis Brahman ». Cette méthode est utilisée pour percer l'illusion de *maya* et atteindre la réalisation du Soi.

Kali – « Celle qui est sombre », une des formes de la Mère divine (« sombre », dans ce contexte, se réfère à sa nature illimitée et au fait qu'elle est inconnaissable, incompréhensible par le mental et l'intellect humains extrêmement limités).

Du point de vue de l'ego, elle peut sembler effrayante parce qu'elle le détruit. Mais elle ne détruit l'ego et ne nous transforme que par compassion infinie. Kali prend de nombreuses formes ; sa forme bienveillante est appelée Bhadrakali. Le dévot sait que derrière son apparence féroce, il y a la Mère pleine d'amour qui protège ses enfants et accorde la grâce de l'illumination.

Kalidas – (environ 400 de notre ère) Le plus grand poète et dramaturge en langue sanscrite de l'Inde. Auteur de Meghduta, Raguvamsa, Sakunthala, etc.

Kama – Le désir.

Karma – Action.

Karma Yoga – « Union par l'action », le chemin spirituel du service désintéressé, effectué avec détachement et où les fruits de toutes les actions sont offerts à Dieu.

Krishna – « Celui qui nous attire à Lui », « Celui qui est sombre » (« sombre » fait ici allusion à sa nature illimitée et au fait que le mental et l'intellect humains extrêmement limités sont incapables de la connaître, ni de la comprendre). Né dans une famille royale, Krishna grandit chez des parents nourriciers et mena la vie d'un petit pâtre à Vrindavan ;

ses compagnons, les petits vachers (*gopas*) et les laitières (*gopis*) l'aimaient et le véneraient. Krishna devint le souverain de Dwaraka. Il était l'ami et le conseiller de ses cousins, les Pandavas, surtout d'Arjuna auquel il révéla son enseignement dans la Bhagavad Gita.

Kriya Yoga – Fait partie des pratiques tantriques traditionnelles. Il s'agit essentiellement d'exercices respiratoires.

Kundalini – « La puissance du serpent », l'énergie spirituelle qui repose comme un serpent lové à la base de la colonne vertébrale. Grâce aux pratiques spirituelles, on la fait s'élever au travers de la *sushumna*, (un nerf subtil qui se trouve dans la colonne vertébrale) et on lui fait traverser les *chakras* (centres d'énergie). A mesure que la *kundalini* monte d'un *chakra* à l'autre, le chercheur spirituel se met à faire l'expérience de niveaux de conscience plus subtils. La *kundalini* atteint finalement le *chakra* du sommet de la tête, le *sahasrara*. Le processus d'éveil de la *kundalini* mène à la réalisation du Soi.

Laya Yoga – « Union grâce à la dissolution ou à l'absorption ». Ce yoga est fondé sur le développement des *chakras* et sur l'éveil de l'énergie de la *kundalini*. Un yoga dans lequel la nature inférieure du chercheur se dissout et on s'éveille à la béatitude et à la conscience transcendantale.

Linga – « Symbole », « signe qui définit ». Un *shiva linga* est généralement une pierre ovale allongée, c'est le principe de la créativité, souvent vénéré en tant que symbole du dieu Shiva.

Mahabharata – Une des deux grandes épopées historiques de l'Inde, l'autre étant le Ramayana. Il s'agit d'un grand traité sur la spiritualité. L'histoire raconte essentiellement le conflit entre les Kauravas et les Pandavas ainsi que la bataille de Kouroukshetra. Cette épopée contient 100 000 vers ; c'est le plus long poème épique qui existe. Il fut écrit aux environs de 3200 avant J-C par le sage Vyasa.

Mahatma – Littéralement « grande âme ». Quand Amma emploie le mot *mahatma*, elle parle d'une âme qui a réalisé le Soi.

Mantra – Une formule sacrée ou une prière que l'on répète constamment. Cette pratique éveille le pouvoir spirituel latent en nous et nous aide à atteindre le but ultime. Le mantra possède une efficacité maximum quand on le reçoit d'un maître spirituel au cours d'une initiation. Un mantra est totalement relié à la réalité qu'il représente puisqu'il est cette réalité sous la forme d'une graine. La graine du mantra semée à l'intérieur du chercheur est nourrie par une répétition constante (avec concentration) jusqu'à ce qu'elle germe pour donner l'expérience de la réalité suprême.

Matham – Religion, opinion.

Maya – Illusion. Dans le jeu divin de la Création, *maya* est le pouvoir divin, le voile avec lequel Dieu Se cache et nous fait croire à l'existence de la pluralité, créant ainsi l'illusion de la séparation. En même temps que *maya* voile la Réalité, elle nous trompe en nous faisant croire que la perfection se trouve dans le monde extérieur.

Moksha – La libération spirituelle ultime.

Mudra – Geste ou position, généralement exécuté avec les mains, qui possède un sens spirituel profond.

Muruga – « Celui qui est beau » Également appelé Subramanya. Muruga est un dieu créé par Shiva pour aider les âmes dans leur évolution, surtout grâce à la pratique du yoga. Il est le frère de Ganesha.

Nadi Shastra – *Nadi* = « conduit ». Une branche particulière de l'astrologie prédictive, par exemple *Agastya Nadi*.

Nadopasana – La dévotion et l'adoration par la musique.

Narasimha – L'homme-lion, une incarnation partielle de Vishnu.

Narayana – *Nara* = Connaissance, eau. « Celui qui est établi dans la connaissance suprême », « Celui qui demeure dans les eaux causales », un des noms de Vishnu.

Natya Shastra – La science de la danse, de la musique et du théâtre.

Parvati – « Fille de la montagne », l'épouse divine de Shiva ; un des noms de la Déesse, de la Mère divine. Ce nom symbolise la détermination inébranlable nécessaire au chercheur spirituel puisque, dans les Puranas, Parvati joue le rôle de disciple de Shiva.

Payasam – Pudding de riz sucré.

Prakriti – La nature primordiale, le principe physique qui, associé au *purusha*, crée l'univers ; la matière fondamentale qui forme l'univers.

Prasad – Une offrande consacrée, un cadeau qui vient d'un saint ou d'un temple. Il s'agit souvent de nourriture.

Puja – « Adoration » ; rituel sacré.

Purana – Les *puranas* sont des épopées qui racontent la vie des dieux tout en exposant quels sont les quatre buts de la vie humaine (*purusharthas*) : une vie juste (*dharma*), la richesse (*artha*), le désir (*kama*) et la libération (*moksha*).

Purusha – La Conscience qui demeure dans le corps. La Conscience, l'Être universel pur, immaculé.

Raja Yoga – La voie de la méditation.

Rama – « Celui qui donne la joie ». Nom du héros divin de l'épopée du Ramayana. C'était une incarnation du dieu Vishnu considéré comme l'idéal du *dharma* et de la vertu.

Ramayana – « La vie de Rama ». Une des deux grandes épopées historiques de l'Inde (l'autre est le Mahabharata) qui dépeint la vie de Rama, écrite par Valmiki. Rama était une incarnation de Vishnu. Une grande partie de cette épopée raconte comment Sita, l'épouse de Rama, fut enlevée à Sri Lanka par Ravana, le roi-démon, et comment elle fut délivrée par Rama et ses dévots, entre autres le célèbre singe Hanuman.

Rishi – *Äsi* = connaître ; un être réalisé qui « voit ». Désigne généralement les sept *rishis* de l'Inde antique, c'est-à-dire des êtres réalisés qui pouvaient « voir » la vérité suprême.

Samskara – *Samskara* a deux sens : 1) la totalité des impressions imprimées dans le mental par les expériences de la vie (de cette vie ou des vies passées) et qui influencent la vie d'un être humain ; sa nature, ses actes, son état d'esprit, etc. 2) L'éveil de la vraie connaissance à l'intérieur d'un être humain, ce qui lui donne un caractère raffiné.

Sanatana dharma – « La religion éternelle », « Le principe éternel ». Nom traditionnel de l'Hindouisme.

Sarasvati – La déesse de la Connaissance

Satya – La Vérité

Satya Yuga – L'âge de la Vérité (*satya*) ; également appelé *krita yuga*. Il existe dans la création un cycle de quatre périodes ou âges (voir Yuga). Le *satya yuga* est l'époque où la bonté et la vérité prévalent partout, où toute manifestation ou activité est proche de l'idéal le plus pur. On le désigne parfois comme l'âge d'or.

Shakti – Puissance. Un des noms de la Mère universelle. L'aspect dynamique de Brahman.

Shankaracharya – (788 – 820 de notre ère) Un grand philosophe qui a fait revivre et régénéré la religion hindoue. Fondateur de l'école de l'*advaïta* qui affirme que seul Brahman est réel et que tout le reste est irréel.

Shastra – Science ou connaissance spécialisée.

Shiva – « Celui qui est propice » ; « Celui qui accorde sa grâce » ; « Celui qui est bon ». Une forme de l'être suprême. Le principe masculin. La Conscience. L'aspect de la trinité hindoue associé à la dissolution de l'univers, à la destruction de ce qui, en définitive, n'est pas réel.

Shiva linga– Un linga qui symbolise Shiva (voir **Linga**)

Svara Yoga – La voie qui utilise des exercices respiratoires pour atteindre la Réalisation du Soi.

Tantra – Un système traditionnel de pratiques spirituelles qui permet à ses adeptes, au milieu de leurs activités dans le monde, de comprendre que la joie procurée par les objets extérieurs vient en réalité de l'intérieur.

Tapas – « Chaleur », discipline de soi, austérités, pénitence et sacrifice de Soi. Pratiques spirituelles qui consument totalement les impuretés du mental.

Les trois mondes – Le Ciel, la terre et les mondes inférieurs ; les trois états de conscience.

Upadhi – Un complément qui limite, par exemple le nom, la forme, les attributs. un instrument, un outil.

Upanishad – « Être assis aux pieds du maître », « Ce qui détruit l'ignorance ». Les Upanishads forment la quatrième et dernière partie des Védas. Elles exposent la philosphie du Védanta.

Vairagi – « Celui qui est détaché » (désigne Shiva).

Vairagya – Le détachement

Valmiki – Un bandit et un criminel qui devint un grand saint grâce à sa rencontre avec les sept sages qui l'aidèrent à prendre conscience de la fausseté de ses valeurs et de ses croyances. Il entreprit ensuite de rigoureuses pratiques spirituelles selon leurs indications. Son grand exemple prouve qu'il est possible de mourir complètement au passé, quelle qu'ait pu être la gravité de nos erreurs.

Vastu – « La nature, l'environnement ». L'antique science védique de l'architecture, qui contient des principes et des pratiques complexes pour que les constructions soient conçues dans un équilibre harmonieux avec la nature et l'univers.

Védanta – « La conclusion des Védas », la philosophie des Upanishads qui affirme que la Vérité ultime est « Une, sans second ».

Védas – « Connaissance, sagesse ». Les Écritures sacrées de l'Hindouisme divisées en quatre parties : Rig, Yajur, Sama et Atharva. Les Védas, qui comptent parmi les plus anciens textes connus, comprennent 100 000 vers auxquels vient s'ajouter de la prose. Ils furent révélés au monde par les *rishis*, des êtres réalisés qui connaissaient la Vérité. Les Védas sont considérés comme une révélation directe de la Vérité.

Vishnu – « L'Omniprésent ». Un des noms de Dieu. Il est généralement vénéré sous la forme de deux de ses incarnations : Rama et Krishna.

Vivéka – Le discernement. La capacité de distinguer entre le réel et l'irréel, entre ce qui est éphémère et ce qui ne l'est pas, entre *dharma* et *adharma*.

Yaga yajnas – Rituels védiques élaborés.

Yajna – Offrande

Yoga – Unir ; union avec l'Être suprême ; un terme vaste qui désigne les différentes méthodes pratiques grâce auxquelles il est possible de s'unir au Divin. Une voie qui mène à la réalisation du Soi.

Yuga – Age ou période. Il existe quatre *yugas* : le *satya* ou *krita yuga* (l'âge d'or), le *treta yuga,* le *dwapara yuga*, et le *kali yuga* (l'âge sombre). Nous vivons actuellement dans le *kali yuga*. On dit que les *yugas* se succèdent en un cycle pratiquement sans fin.

www.ingramcontent.com/pod-product-compliance
Lightning Source LLC
Chambersburg PA
CBHW061828040426
42447CB00012B/2870